Un ÁRBOL para mi JARDÍN

Un ÁRBOL *para mi* JARDÍN

Elige un árbol, plántalo y cambia el mundo

KATE BRADBURY
Ilustraciones de **LUCILLE CLERC**

Contenidos

¿Por qué árboles?
¿Por qué ahora?   6
¿Por qué árboles de jardín?   10
Los árboles de mi jardín   14

Conocer los árboles   16
Los árboles a través del tiempo   18
¿Autóctonos o alóctonos?   20
Árboles y hongos   22
¿Plantar o no plantar?   24
Árboles en las ciudades   26

Plantar un árbol   30
Partes del árbol   32
El árbol a lo largo del año   36
Floración primaveral   38
Frutas, frutos, semillas y bayas   40
Coloración otoñal de las hojas   42
El papel del árbol en tu jardín   44
Encontrar el sitio correcto   46
El árbol en la comunidad   50

Fichas de árboles   52
Árboles pequeños   54
Guillomo nevado
Manzano silvestre
Níspero
Helecho arbóreo
Olivo
Árbol del hierro

Árboles frutales   64
Ciruelo
Manzano
Peral
Cerezo
Melocotonero
Higuera
Cítricos
Morera negra

Árboles de bayas   78
Saúco
Acebo
Serbal silvestre
Espino albar

Árboles de flor   86
Árbol de Júpiter
Magnolia
Cornejo
Lila

Árboles de hoja perenne   94
Ciprés
Aligustre
Madroño

Árboles de fruto y semillas   100
   Bonetero
   Aliso
   Avellano
   Sauce cabruno Kilmarnock
   Abedul
   Castaño
   Almendro

Árboles grandes   114
   Tejo
   Haya
   Roble carvallo
   Castaño de Indias
   Tilo de hoja pequeña

Árboles de colorido otoñal   124
   Amor del Canadá
   Arce japonés
   Ginkgo
   Liquidámbar
   Tupelo negro
   Zumaque de Virginia
   Arce de papel

Palmeras   136
   Árbol repollo
   Palmera canaria
   Palmito
   Palma excelsa
   Palmera de la jalea
   Yuca

Plantar, podar, cuidar   **144**
   Elegir y plantar un árbol   *146*
   Elegir un frutal   *150*
   Cuidados del árbol   *152*
   Plantas próximas al árbol   *154*
   Podar el árbol   *156*
   Sacar todo el provecho
    de los árboles   *162*
   Solución de problemas   *164*

Apoyar proyectos de
  plantación de árboles   *168*
Recursos   *169*
Glosario   *170*
Plantar por zonas   *171*

Índice   *172*
Agradecimientos   *175*
Acerca de la autora   *176*
Acerca de la ilustradora   *176*

¿Por qué árboles?
¿Por qué ahora?

El mundo está en llamas. Literalmente, en partes de California, Europa y Australia, los incendios forestales arrasan bosques y comunidades, matando a personas y vida silvestre. Metafóricamente, también, hay partes del mundo tan calientes que pronto no podremos vivir en ellas. Pero, en lugar de desesperarnos, unámonos para plantar árboles. Empezando por nuestros jardines.

El cambio climático y sus efectos asociados de la pérdida de biodiversidad y los fenómenos meteorológicos extremos son desalentadores. El sexto informe de evaluación del Grupo Intergubernamental de Expertos sobre el Cambio Climático, escrito en 2022, advierte que se está acabando el tiempo para actuar y evitar una catástrofe. Las temperaturas aumentan, los ríos se inundan o se secan, las especies desaparecen. En 2021, más de 400 estaciones meteorológicas superaron récords de calor: las temperaturas más altas de Canadá aumentaron un enorme 4,6 por ciento, hasta 49,6 °C (121,3 °F), mientras que la ciudad pakistaní de Jacobabad registró temperaturas de 52 °C (126 °F). Allí, el calor y la humedad extrema se han considerado demasiado elevados para que el cuerpo humano los soporte.

Estamos considerando formas de polinización mecánica porque ya no hay insectos que hagan ese trabajo; tecnologías de siembra de nubes, porque la lluvia no cae donde la necesitamos. No se podrá vivir en vastas franjas de la Tierra debido a los extremos de calor, humedad, inundaciones y viento.

¿Cómo ha sucedido esto?

Todo comenzó con la deforestación. En los últimos 6000 años hemos perdido la mitad de los bosques de Europa en favor de la agricultura y el crecimiento de las poblaciones. La deforestación continúa hoy, principalmente en regiones tropicales como Brasil, donde la demanda mundial de carne barata impulsa la competencia por la tierra. Y ahora, por primera vez, se cree que la selva amazónica emite más dióxido de carbono del que puede ab-

¿Por qué árboles? ¿Por qué ahora?

sorber debido a la deforestación y los cambios en los patrones climáticos. En todo el mundo, destruimos unos 10 millones de hectáreas (25 millones de acres) forestales al año: el equivalente del tamaño de Portugal cada década.

No solo la deforestación causa el cambio climático, sino también el uso de combustibles fósiles, desde automóviles y aviones hasta cohetes espaciales, la intensificación de la agricultura, en particular las industrias mundiales de carne y pescado, y el consumo de turba, junto con la mala gestión de las turberas y los páramos.

Aun así, hay esperanza.

¿Qué podemos hacer?

Alrededor del 50 por ciento de la deforestación se compensa con la recuperación o la creación de nuevos bosques, que solo aumentarán a medida que se amplíe la conciencia mundial sobre el cambio climático y la deforestación. Cada vez somos más los que compramos menos y reciclamos más, tomamos menos aviones y comemos menos carne. Pero, no voy a andarme por las ramas (perdón por el juego de palabras), estamos en una situación difícil. Podemos salir de ella, al menos en parte, y en función de lo rápido que actuemos, con la ayuda de lo primero que cortamos: ¡los árboles!

Los árboles son solo una parte de la solución para abordar el cambio climático y la pérdida de biodiversidad. Necesitamos cambiar la forma de tratar los océanos, las turberas, praderas y estanques. El carbono se almacena en una amplia gama de hábitats, incluidos nuestros jardines, y debemos protegerlos a todos. Podemos (y debemos) unirnos a organizaciones ecologistas y benéficas para la vida silvestre, firmar peticiones y tomar mejores decisiones al comprar alimentos y votar.

Hay algo que, al plantar árboles, nos recompensa. Plantamos un árbol, lo regamos y lo vemos crecer. Nos maravillamos de los pájaros que se posan en sus ramas, de los insectos que se comen las hojas y polinizan las flores. Comemos su fruta, compartida con otras especies, y nos enamoramos de su glorioso color otoñal. Nos sentamos a sus pies y escuchamos el susurro del follaje, o acercamos el oído al tronco para escuchar el gorgoteo de la savia ascendente en primavera.

Los árboles son geniales. Nos arraigan a la tierra y nos conectan con las estaciones. La gente me dice «no es primavera hasta que mi espino albar florece», «no es verano hasta que como mi primera cereza». En Navidad traemos árboles a nuestras casas y los decoramos.

Para mí, el cambio de las estaciones lo marcan los días dolorosamente largos de espera para que las primeras hojas se desplieguen en los árboles de mi jardín después del invierno (tengo tres: un serbal silvestre, un espino albar y un abedul; pp. 14-15).

Al plantar y observar árboles, percibimos más cosas y nos concienciamos. La presión arterial baja, la salud mental mejora. Además, los árboles respiran dióxido de carbono y exhalan oxígeno, ayudan a mantener las poblaciones de insectos, mamíferos y aves, evitan inundaciones, estabilizan las temperaturas y filtran el viento. Los árboles son increíbles, ¿no? Y pensar que los hemos estado talando... ¡Y que todavía los seguimos talando!

Planta un árbol

Como dice el viejo proverbio chino: «el mejor momento para plantar un árbol fue hace 20 años; el segundo mejor momento es ahora». Al plantar un árbol, ayudarás a reducir algunos efectos del cambio climático. Cada gota de agua absorbida por sus raíces es una gota que no se unirá a otras para formar un charco, una inundación. Cada miligramo de dióxido de carbono absorbido por sus hojas reducirá la cantidad que flota en la atmósfera. Cada abeja que visite sus flores no pasará hambre, cada huevo puesto en sus hojas proporcionará alimento para especies de la cadena alimentaria.

Plantar un árbol es dar vida: a la naturaleza, a ti, a tus hijos y nietos. Plantar árboles es un acto de poder y rebelión, en contra de un mundo de codicia y corrupción. A medida que hundes las raíces de tu árbol en el suelo y las cubres con tierra, te conviertes en parte de un movimiento global de reforestación. ¿No es una maravilla?

> Los árboles son increíbles, ¿no? Y pensar que los hemos estado talando... ¡Y que todavía los seguimos talando!

¿Por qué árboles? ¿Por qué ahora?

¿Por qué árboles de jardín?

Pongamos como ejemplo el caso del Reino Unido. Se estima que hay alrededor de 27 millones de hogares en el país, y poco más de 22 millones disponen de un jardín. Si cada uno plantara un árbol en su jardín mañana, serían 22 millones de árboles más en el Reino Unido, cada uno absorbiendo dióxido de carbono mientras proporciona alimento y hogar para la vida silvestre, sin mencionar lo agradable para la vista que resultaría. 22 millones de árboles. Mañana.

¿Cuánto néctar y polen proporcionarían 22 millones de árboles para nuestras abejas asediadas? ¿Cuántas hojas más habría para que las polillas pusieran sus huevos y las orugas comieran? ¿Cuántos pajaritos más se llenarían la barriga con esas orugas, además de los pulgones, minadores de hojas y otros insectos que también comen hojas y viven entre los árboles? ¿Cuántos erizos más podrían recoger hojas caídas al pie de estos árboles para preparar sus acogedoras guaridas en otoño?

Los árboles son vida
Cada árbol es una ciudad, hogar de cientos de seres, desde los trips más pequeños hasta las orugas más voraces y las aves más grandes. Al plantar uno, podríamos crear una sombra muy necesaria en el jardín, un punto focal, tal vez, un lugar para sentarnos mientras nuestros pies asoman al sol. Pero, al hacerlo, creamos algo mucho más maravilloso. Proporcionamos un lugar para que un ave se pose para revisar nuestros comederos o cajas nido. Proporcionamos un tronco para que una ardilla trepe, en busca de otra ardilla, en primavera. Proporcionamos flores a las abejas, hojas a las orugas, bayas a los pájaros. Proporcionamos pequeños rincones y grietas en la corteza donde una avispa reina podría refugiarse durante el invierno. Ofrecemos una vista a través de una ventana, desde la cual asombrarnos con la floración de primavera, el color otoñal de las hojas, la rotundidad de los frutos maduros o las aves que anidan. Algo que nos conecta con el exterior, sin importar la época del año, con lo que poder medir el paso del tiempo.

¿Por qué árboles de jardín?

Y cada día que pasa, cada pájaro que llega a una rama y cada oruga que mastica una hoja, ese árbol de tu jardín está absorbiendo dióxido de carbono. Un árbol, en un jardín. Probablemente no marcará una gran diferencia, ¿verdad? Pero ¿y 22 millones de árboles? Eso ya es un bosque.

Crear una red

Combinados, nuestros jardines tienen el potencial de convertirse en una reserva de vida salvaje por derecho propio. Entretejidos a través de agujeros o por debajo de cercas y puertas, comprenden una red de hábitats a lo largo y ancho del país. Los jardines imitan hábitats que llamamos el «margen forestal», donde los arbustos y los árboles pequeños crecen entre hierbas y flores. La vida silvestre que atraemos a nuestros jardines refleja eso: las aves, los anfibios, las abejas y las mariposas que los visitan son criaturas del margen forestal. Así que nuestros jardines están predestinados para la plantación de árboles: los árboles pertenecen a nuestros jardines, sin importar lo grandes o pequeños que sean. Es posible que consideres insignificante el espacio del que dispones, pero con unas pocas plantas elegidas puede convertirse en un trampolín de un hábitat a otro. ¿Te preguntas qué es un trampolín? Imagina una carretera larga y gris flanqueada por espacios verdes, donde la vida silvestre de cada espacio está aislada del otro porque la carretera es demasiado larga y gris: no hay refugio ni comida para facilitar el viaje. Añade unos jardines y de repente la vida silvestre puede moverse: las abejas y las mariposas pueden libar el néctar que les da energía para volar, las ranas y los erizos pueden esconderse debajo de un seto o arbusto. Estos hábitats trampolín son cruciales en la lucha contra el cambio climático y la pérdida de biodiversidad porque permiten que la vida silvestre pueda moverse, es decir, conectan hábitats, permitiendo que la vida silvestre encuentre los más adecuados si es necesario. Los estudios científicos han demostrado que algunas especies de insectos ya se están trasladando hacia el norte, en busca de temperaturas más frías. Si dan con demasiadas carreteras largas y grises durante su viaje, no sobrevivirán.

Elegir el árbol adecuado

El espacio ante tu puerta delantera o trasera, pues, ofrece el potencial de salvar vidas y fomentar la biodiversidad. Solo hay que plantar. La plantación de árboles puede parecer desalentadora. Uno está ansioso porque su árbol crece demasiado, arroja demasiada sombra o pierde demasiadas hojas. Y ¿qué dirán los vecinos si les tapas la luz de su jardín? Todos esos son puntos válidos, por lo que es vital tomarse el tiempo necesario para elegir el árbol (pp. 52-143). El árbol adecuado te proporcionará años de disfrute, observación de la vida silvestre y la sensación de haber hecho algo «bueno». El árbol equivocado provocará años de ansiedad después de los cuales tú mismo o alguien que herede el espacio deberá cortarlo.

Antes de plantar tu árbol, piensa en lo que quieres de él. ¿Hasta qué altura le verás crecer? ¿Qué anchura o densidad alcanzará la copa? Si necesitas privacidad, puedes plantar un árbol con follaje espeso, como un peral ornamental; si prefieres luz filtrada, elige un abedul, con ramaje aireado, ramas delgadas y hojas pequeñas. Para favorecer las mejores opciones de vida silvestre, es buena idea elegir árboles autóctonos (pp. 20-21), ya que estos han evolucionado con las especies que deseas proteger. Para tener en cuenta el cambio climático, considera un árbol de una región más meridional, ya que el calentamiento global podría significar que sobreviva mejor dentro de 50 años. ¿Quieres frutas o bayas (pp. 40-41)? ¿Colores otoñales (pp. 42-43) o follaje perenne? Algunos árboles lo tienen todo.

Este libro ofrece información sobre muchos árboles, que puedes comparar y contrastar antes de tomar tu gran decisión de plantación. También encontrarás razones por las que deberías plantar árboles, porque quiero enfatizar lo importantes y alegres que son. Espero que, al leer este libro, recopiles todo el conocimiento que necesitas para plantar y cuidar tu árbol de jardín. También espero que podamos reforestar el territorio, jardín a jardín.

Un árbol, en un jardín. Probablemente no marcará una gran diferencia, ¿verdad? Pero ¿y 22 millones de árboles? Eso ya es un bosque.

¿Por qué árboles de jardín?

Los árboles de mi jardín

Me mudé a mi casa en enero de 2019. Una casa victoriana entre medianeras, con un estrecho jardín de 12 m (40 ft) que da a otras casas y, más allá, a un parque. Albergaba grandes esperanzas de vida silvestre. Pero el jardín estaba plantado con especies de escaso valor para ella: un enorme bonetero japonés, un jazmín común, un eucalipto que se plantó demasiado cerca de la casa. Me puse a trabajar inmediatamente.

Lo arranqué casi todo. Me quedé con lo que era útil y doné el resto a amigos y vecinos. Y luego empecé desde cero.

Mis árboles

Primero planté los árboles: un hermoso serbal silvestre (*Sorbus aucuparia*), un espino navarro (*Crataegus laevigata*) y un abedul (*Betula pendula*). Al instante dieron forma al jardín y me proporcionaron una ventana a un mundo que no había terminado de crear. Los planté cuando estaban inactivos y todavía recuerdo mi emoción al ver los primeros brotes foliares en primavera, el verde más fresco en las ramillas desnudas durante tanto tiempo.

Lo que siguió ha sido infinitamente delicioso. Me maravillaron las primeras aves que se posaban en los árboles y revoloteaban por el espacio recién diseñado. Escuché y observé a las primeras abejas encontrar las primeras flores, me reí cuando los primeros mirlos dieron con las primeras bayas. Imagina mi alegría cuando chuté mi primer montón de hojas caídas. Me enamoré de mis árboles solo plantarlos, un amor que crece tanto como ellos.

Serbal silvestre

En la parte posterior del jardín se encuentra el serbal silvestre. Lo elegí porque no crecerá demasiado y da hermosas flores en primavera, seguidas de bayas rojas. Me encanta ver cómo crecen los brotes en forma de mitón a fines del invierno y estallan en hermosas hojas pinnadas. Muchos polinizadores usan las flores, y los mirlos y petirrojos comen las bayas. Otras especies llegan en busca de refugio, desde ardillas hasta estorninos.

Espino albar

A 3 m (10 ft) del serbal silvestre se encuentra el espino albar, un árbol un poco más pequeño que no debería sobrepasar el jardín. El espacio entre ellos es suficiente para que sus raíces intercambien alimentos e información, y algún día espero que sus copas también se encuentren. Echa flores blancas individuales, que encantan a las abejas, y majuelas de color rojo oscuro, de las que dependen las aves en otoño. Sus hojas hacen las delicias de muchas polillas, que espero que usen el árbol para reproducirse. Sus ramitas también serán perfectas para que aniden pájaros.

Abedul

En el otro lado está el abedul, el árbol más alto del jardín, pero de vida más corta. Me encantan sus hojas en forma de corazón, que han encontrado los minadores de hojas y las polillas *Phalera bucephala*, y su hermosa corteza pelada. Lo planté porque quería ver los herrerillos colgados bocabajo de sus delgadas ramas picoteando los amentos. Verlos me alegra el corazón incluso en los días más oscuros del invierno. En noviembre, es lo más hermoso: las hojas amarillean antes de caer y formar un buen montón.

Hacer sitio para más árboles

Si tuviera un jardín más grande, plantaría más: dispondría de mi propio arboreto. En cambio, me conformo con especímenes más pequeños: un seto mixto de espino albar, avellano, rosa silvestre y espino cerval. Dos árboles mucho más pequeños: un sauce cabruno Kilmarnock y un madroño. El sauce está en su altura máxima y se encuentra en el borde de mi estanque, y el madroño está en una maceta para que crezca un poco más antes de que encuentre espacio para él en el jardín.

> Me encanta ver cómo crecen los brotes del serbal silvestre en forma de mitón a fines del invierno y estallan en hermosas hojas pinnadas.

CONOCER LOS ÁRBOLES

Los árboles, que han evolucionado durante milenios, son los cimientos de tanta vida en la Tierra. Es fácil decir que necesitamos plantar más árboles, pero si queremos marcar una diferencia más significativa, saber qué variedades plantar, y dónde, es crucial. Al conocer los árboles antes de plantar, cosecharás más recompensas luego.

Los árboles
a través del tiempo

Los árboles crecen en la Tierra desde hace unos 400 millones de años. Algunas de las primeras especies todavía se contemplan en los jardines de hoy, incluyendo el pino chileno (Araucaria araucana) y el ginkgo (Ginkgo biloba). Evolucionaron hace unos 248 millones de años, por lo que a veces se les denomina fósiles vivientes.

A lo largo de los milenios, la forma de los árboles, la manera en que absorben el agua y los nutrientes, y cómo se reproducen, han evolucionado para garantizar el mayor éxito posible en su entorno. La forma de la hoja, la corteza, las flores, frutos y semillas de cada árbol son así por razones muy específicas.

Los árboles se han adaptado para crecer en suelos húmedos o secos, montañas o valles, selvas tropicales y bosques nubosos: cada entorno presenta un conjunto de árboles perfectamente adaptados a él. La mayoría prosperan en comunidad, junto a otros, pero algunos crecen mejor solos. El nogal negro, por ejemplo, secreta por las raíces una sustancia química llamada juglona que puede inhibir el crecimiento de las plantas cercanas.

Forma de los árboles
La forma de los árboles ha evolucionado aprovechar al máximo los niveles de luz disponibles. La copa de los de hoja ancha (como el roble) es grande y redondeada para que sus hojas absorban la luz en ambientes nublados y templados. Las coníferas, típicas de climas más fríos, tienden a formas de cono, ya que les ayudan a absorber la luz cuando el sol está bajo en el horizonte (y produce rayos más débiles). Esta forma también les ayuda a desprenderse de la nieve fácilmente.

Forma y tamaño de las hojas
La forma de las hojas está determinada por la necesidad de absorber luz y dióxido de carbono, pero otros factores como el clima, la temperatura, la duración del día, la disponibilidad de agua, la nutrición y los depredadores también

influyen en ella. Las hojas grandes absorben más luz que las pequeñas, pero pierden humedad con la evaporación, y pueden escaldarse con demasiado sol. La forma de las hojas de los árboles perennifolios minimiza la evaporación. Para evitar la pérdida de agua, pueden ser pequeñas, parecidas a agujas, cerosas, brillantes, lobuladas o dentadas.

Protección de los depredadores

La corteza exterior protege al árbol de enfermedades y daños: la de muchas especies, incluidos robles y sauces, contiene taninos que repelen a los mamíferos. La corteza ayuda al árbol a retener la humedad y protege las células vivas de infecciones por bacterias, hongos y otros patógenos. Algunos árboles también desarrollan espinas para evitar que hojas y semillas sean comidas.

Flores, frutas, frutos y semillas

Cada etapa del ciclo reproductivo de un árbol ha evolucionado para adaptarse al clima local y a las especies polinizadoras. Los árboles han evolucionado para que los polinice el viento o los insectos (pp. 40-41) con el fin de producir frutos. La mayoría serán consumidos por aves o mamíferos, que hacen que las semillas de la fruta pasen a través de su sistema digestivo y las dispersan. Las semillas aladas, como las de sicomoro, las transporta el viento. Otros árboles han desarrollado formas más interesantes de reproducirse. El sauce frágil se llama así porque sus ramas se rompen y caen al agua, que las lleva río abajo, y quizá acaben enraizando en un nuevo rincón de la orilla del río.

Los árboles hoy

Hoy en día, los árboles todavía crecen en sus entornos de origen (pp. 20-21), pero la intervención humana también los ha visto crecer en otros lugares. Los cazadores de plantas victorianos allanaron el camino para cultivar especies en regiones alejadas de sus orígenes, trayendo semillas de árboles como el magnolio chino y la secuoya gigante de California. La mayoría de los árboles ornamentales que cultivamos ahora en nuestros jardines no son autóctonos: el abedul del Himalaya, el arce japonés, el amor del Canadá, el eucalipto australiano o el roble turco provienen de otras regiones.

Además, los cultivadores expertos han cruzado árboles para crear híbridos. Es posible cruzar especies cercanas a fin de mejorar la resistencia a las enfermedades, que sean más altos o menos, conseguir un hábito de crecimiento más ornamental, como ramas lloronas, o dar más flores o frutos.

¿Autóctonos o alóctonos?

Un árbol autóctono se considera aquel que ha crecido en un lugar determinado desde el último período glacial y, por lo tanto, está adaptado al clima en el que vive. Pero el clima actual está cambiando demasiado rápido para que muchos árboles evolucionen y se adapten a tiempo a las nuevas condiciones. Entonces, ¿deberíamos optar por especies exóticas en su lugar?

Tomemos de nuevo el ejemplo del Reino Unido, donde los árboles colonizaron la tierra después de que los glaciares se derritieran, hace unos 11.500 años, cuando Gran Bretaña todavía estaba conectada a Europa continental. Desde entonces, evolucionaron con las especies que también colonizaron esta tierra cuando el hielo se retiró. Así, los árboles autóctonos y otras plantas son mejores que los alóctonos porque ya han establecido las relaciones: se alimentan cuando los polinizadores necesitan flores y dan bayas y semillas cuando las aves las precisan. Las polillas ponen huevos en las hojas de los árboles autóctonos (a menudo específicos), en el momento idóneo para que las orugas adquieran un tamaño apto para que los pollos de los pájaros las digieran. Los árboles autóctonos, las plantas y su correspondiente entorno crecen juntos como parte de ecosistemas complejos que han evolucionado en los últimos 11.500 años. Yo, como jardinera, incluyo tantas especies autóctonas en mi jardín como sea posible. Pero los árboles nativos sufren dificultades. Se ha demostrado que muchos, como el haya y el roble, ya están sufriendo el estrés de la sequía, lo que afecta a su capacidad para florecer y fructificar (algo que provoca un efecto en cadena en la vida salvaje). Esto se suma a las plagas y enfermedades que ahora sobreviven aquí gracias a las condiciones más cálidas. Si los árboles no estuvieran lidiando con la sequía, ¿se enfrentarían mejor a algunos de los otros problemas que ahora encuentran?

Elegir los árboles según el clima

Científicos de la Universidad de Gotemburgo predicen que el clima actual del sudeste de Europa es parecido al que cabe esperar en el Reino Unido dentro de 30-50 años: en última instancia, más cálido y seco. Con esto en mente, ¿se deberían plantar árboles de los Balcanes, que son más capaces de hacer frente a veranos más calurosos y secos? Los autóctonos de los Balcanes incluyen el lilo y el castaño de Indias. Los árboles de China, México y Norteamérica también resultarían más adecuados para crecer en este futuro clima más seco.

¿Y qué hay de las palmeras? Si bien almacenan menos carbono que los árboles de hoja caduca, muchas han evolucionado para crecer en condiciones costeras cálidas y secas, y están adaptadas para soportar vientos fuertes. ¿Encajarían en los jardines británicos?

Además de plantar árboles de regiones más cálidas y secas, también podemos contemplar los rangos de crecimiento. Muchos árboles, incluidos el roble carvallo y el haya, crecen en el Cáucaso, donde las precipitaciones son menores. Si bien algunos pueden ser una subespecie distinta de la del Reino Unido, son en esencia autóctonos de esta región, y sus semillas ayudarían a preparar los bosques para el futuro. Los híbridos creados por el hombre funcionarían, al cruzar árboles para introducir resiliencia natural frente al cambio climático y a las enfermedades. Esta técnica funciona: el *Ulmus* New Horizon es un híbrido de olmos japoneses y siberianos. Es resistente a la grafiosis del olmo, introducida en Gran Bretaña desde Canadá en la década de 1960, que acabó con la mayoría de los olmos locales. Al estar tan relacionados con los olmos autóctonos, ¿podría la fauna que interactúa con ellos, como la mariposa w-blanca, verse tentada por estos híbridos y así gozar de una mayor oportunidad de sobrevivir?

El camino a seguir

Me parece que lo más sensato para los jardines de todos los rincones del mundo es plantar una mezcla de variedades autóctonas y alóctonas seleccionadas. Necesitamos árboles autóctonos para la fauna silvestre actual. Plantar más árboles autóctonos creará corredores a través de los cuales esta fauna puede viajar, en especial porque necesitará moverse hacia el norte a medida que aumenten las temperaturas. Pero también necesitamos plantar árboles capaces de hacer frente al aumento de las temperaturas y la humedad del futuro. Ahí es donde entran los alóctonos. Aunque debemos elegir los que favorezcan la biodiversidad, para permitir mejores adaptaciones a nuestro clima cambiante y, en última instancia, más supervivencia.

Árboles y hongos

Los hongos tienen mala fama en los jardines, lo cual es triste, porque en su mayoría hacen mucho bien. Son esenciales para el crecimiento y la salud de los árboles de jardín. Los hongos o setas que vemos en la superficie del suelo son los cuerpos fructíferos, una pequeña parte del cuerpo principal del hongo, cuyos filamentos (hifas) viven bajo la superficie, con las raíces de los árboles, en redes conocidas como micelio.

Muchos árboles dependen de los hongos para crecer. En los bosques, kilómetros de hifas crecen bajo tierra, conectando las raíces de los árboles con el suelo y permitiéndoles absorber mejor el agua y los nutrientes. Estas asociaciones micorrízicas (raíz de hongo) también vinculan los sistemas radiculares de diferentes árboles entre sí, creando redes. En algunas especies, como el haya, los hongos permiten que los árboles se apoyen entre sí, y los árboles sanos dan nutrientes a los menos sanos. Cuanto más aprendemos sobre los árboles, más conscientes somos de que son una especie comunitaria. De modo que un árbol de tu jardín podría estar conectado al árbol del vecino, a través de una red de hongos, con la que intercambian nutrientes, carbono e información. A cambio, el árbol proporciona azúcares a los hongos; a diferencia de las plantas, los hongos no realizan la fotosíntesis, por lo que dependen de otros seres vivos para obtener energía. Algunos protegen a los árboles de los depredadores, las enfermedades y la sequía. Los jardineros tratan de deshacerse de las senderuelas en el césped, a pesar de que el hongo *Marasmius oreades* alimenta el césped y mejora su salud. La armilaria color de piel es conocida por sus propiedades para matar árboles y arbustos, pero hay varias especies y algunas coexisten con ellos durante años. Los hongos pueden ayudar a eliminar metales pesados en suelos contaminados.

Son increíbles y merecen reconocimiento. Poseen diferentes especialidades, por lo que cuanto mayor sea la variedad de hongos disponibles, más saludable estará el árbol.

Árboles y hongos

¿Plantar o no plantar?

A medida que los árboles crecen, extraen dióxido de carbono a través de las hojas (p. 34) y lo almacenan en el tronco, las raíces y las ramas. Cuando mueren, ese carbono se libera lentamente de vuelta a la atmósfera. Por lo tanto, plantar árboles puede ayudar a frenar el cambio climático, ya que cuantos más plantamos, más dióxido de carbono se absorbe. Pero ellos por sí solos no resolverán el cambio climático, y plantarlos a veces puede hacer más daño que bien.

En muchos países, se han plantado millones de árboles en los últimos años, y esa tarea continúa en jardines, ciudades e incluso en áreas rurales. En otros lugares del mundo, los árboles se plantan con aún más entusiasmo: el Estado indio de Uttar Pradesh, por ejemplo, afirma haber plantado 50 millones de árboles en un día. La Gran Muralla Verde del Sáhara y el Sahel es un ambicioso proyecto internacional que implica la plantación de árboles en todo el Sahel para evitar la expansión del desierto del Sáhara. Si buscas una buena noticia, observa Costa Rica, que duplicó su cobertura forestal en solo 30 años.

Como ciudadanos de países pobres en árboles, se nos anima a plantar árboles para ayudar a combatir el cambio climático, pero vale la pena pararse a pensar antes de usar la pala.

Cuándo no plantar árboles

Lo primero que hay que considerar es que no toda la tierra era originalmente boscosa. Además de bosques, existen también paisajes ajenos a los árboles, como los pastizales, los humedales o las turberas. Estos hábitats complejos almacenan carbono por derecho propio: se estima que las turberas del mundo almacenan el doble de carbono que los bosques. Los pastizales almacenan menos que los bosques, pero de manera más fiable: los pastizales, por ejemplo, presentan menos riesgo de incendios, capaces de liberar rápidamente miles de toneladas de carbono a la atmósfera. El almacenamiento de carbono de nuestros jardines, con sus plantas, árboles, césped y estanques acumulados, tampoco es despreciable.

Huelga decir que, más que replantar bosques, deberíamos proteger los que ya existen, desde antiguos bosques talados en el Reino Unido para proyectos como la construcción de carreteras y líneas férreas, hasta la selva amazónica perdida con ranchos ganaderos en Brasil. Proteger los bosques existentes es mejor para prevenir el cambio climático y mantener la vida silvestre que plantar nuevos árboles, que tardan tiempo para almacenar carbono y ofrecer los hábitats de los bosques maduros.

Regeneración natural

Otra opción es dejar que la tierra vuelva a su estado original, con mínima acción humana. La «renaturalización» podría aplicarse en lugar de esquemas de plantación masiva. Un estudio publicado en 2021 sugiere que la mitad de los nuevos bosques de Gran Bretaña no los plantaron los humanos, sino los arrendajos. Junto con las ardillas grises, los arrendajos entierran bellotas en otoño para comerlas cuando la comida escasea, pero a menudo se olvidan de ellas y nace un bosque.

Dejar que la fauna replante bosques ofrece beneficios: no usan protectores de árboles de plástico que ensucien el paisaje, no hay necesidad de regar árboles jóvenes vulnerables, no se excava el suelo (lo cual libera carbono). Los animales «gestionan» el hábitat: las vacas y cerdos de las tierras altas, que pastan libres, permiten que algunas especies crezcan e impiden la reforestación total.

La renaturalización no es apropiada para jardines o ciudades y parques, por lo que en estos hábitats debemos plantar árboles. Pero hagámoslo a sabiendas de que les gusta crecer juntos, que el matorral es un hábitat valioso y que, por sí solo, un único árbol no basta para revertir, ni siquiera ralentizar, los efectos del cambio climático

---

La renaturalización no es apropiada para jardines o ciudades y parques, por lo que en estos hábitats debemos plantar árboles.

Árboles en las ciudades

Ya sabemos que los árboles absorben dióxido de carbono, mejoran el bienestar y proporcionan hogares para la fauna, pero en las ciudades aportan aún más beneficios, desde enfriar el entorno, absorber partículas contaminantes y prevenir inundaciones, hasta reducir el crimen y la ira en la carretera (¡sí, de verdad!). Cuantos más árboles plantemos, más cómodas y saludables serán nuestras ciudades para vivir, ahora y en el futuro.

Según las Naciones Unidas, más del 50 por ciento de las personas viven en ciudades, y se espera que alrededor del 70 por ciento de la población humana viva en ciudades para 2050. Las áreas urbanas son más cálidas que las rurales porque hay superficies más duras y oscuras para absorber el calor del sol: cada pavimento, carretera y pared actúa como un acumulador de calor. Además, la estructura de algunas ciudades, en particular las de calles estrechas y edificios altos, evita que se libere calor, ya que hay pocas oportunidades para el flujo natural del viento. La actividad humana también contribuye al calentamiento urbano, con vehículos motorizados, edificios e, irónicamente, unidades de aire acondicionado que crean «calor residual».

Esta absorción de calor contribuye a lo que se conoce como el «efecto isla de calor», y algunas ciudades ya son mucho más cálidas que sus equivalentes rurales. Las ciudades más cálidas pueden no parecer tan malas ahora, pero un estudio de 2019 predice que un aumento global de 2 °C (4 °F) para 2050 hará que las temperaturas de las ciudades aumenten exponencialmente. En los meses más calurosos, estos aumentos no solo afectarán la capacidad de las personas para trabajar, sino también para vivir bien, y las personas con asma y problemas cardíacos serán las de mayor riesgo.

Efectos de enfriamiento

Los árboles, y las plantas en general, son más fríos que los pavimentos y las paredes. Si has entrado en un bosque un caluroso día de verano, habrás sentido el alivio inmediato de la repentina caída de la temperatura al acceder a él.

Árboles en las ciudades

Cultivar más árboles y plantas ayudará a reducir el calentamiento urbano, ya que cada árbol crea sombra y evita que la luz solar caliente las superficies duras. Las raíces también absorben agua y, por tanto, reducen el riesgo de inundación, mientras que las hojas absorben las partículas de contaminación y limpian el aire. La sombra proyectada por las copas proporciona un alivio del calor, mientras que las hojas, la corteza, las ramas, las flores y las bayas suministran alimento y hogar para la fauna. Por eso, todos deberíamos plantar árboles en todos los parques, alcorques y terrenos baldíos disponibles de nuestras ciudades. ¡Y hacerlo ya! También deberíamos plantar hiedra y otras trepadoras en las paredes de los edificios, crear azoteas verdes y jardines de balcón. Recuerda que, además de disminuir el calor, cada hoja absorbe dióxido de carbono, cada raíz retiene agua.

Plantar árboles en las calles

Por hermosos que sean los árboles en las calles, la triste realidad es que plantarlos puede ser complicado y costoso. Por lo general, deben plantarse con sistemas de barrera para evitar que sus raíces dañen los cables eléctricos y de fibra y las tuberías bajo las aceras, que suministran a empresas y hogares. Necesitan rejillas para evitar que las raíces se compacten por las pisadas o supongan un riesgo de tropiezo en el pavimento. Deben plantarse en aceras anchas para garantizar el acceso completo de las personas en sillas de ruedas. Lo ideal, y triste, sería que no fueran árboles (femeninos) de fruto, ya que los frutos ensucian y representan un peligro potencial de resbalones al caer al suelo. Los árboles masculinos producen polen, valioso para los polinizadores, pero problemático para las personas con alergias.

Además, los árboles de la calle necesitan riego regular (como mínimo en sus primeros años de vida) y poda para asegurarse de que no invadan la carretera o caigan ramas. En otoño también hay que recoger las hojas caídas y eliminarlas.

¿A los árboles les gusta la calle? ¿Les gusta notar las raíces encorsetadas y desconectadas de otros árboles, las copas podadas en formas reglamentadas, el polen flotando por la ciudad con pocos árboles femeninos que fertilizar? Creo que, en general, la respuesta sería «no». Sabemos que los árboles necesitan de otros árboles. Sabemos que crecen mejor en grupo, que se conectan entre sí y comparten información e incluso se sustentan entre ellos con ayuda de sus poderosos sistemas radiculares conectados, ayudados por hongos (p. 22).

Algunos estudios también señalan que los árboles de las calles absorben menos dióxido de carbono que los que viven en entornos naturales.

Me gustan los árboles de la calle: me hacen feliz y me encanta una calle arbolada. Pero, dado el enorme coste de plantarlos y mantenerlos, además de que quizás no sea la mejor opción para ellos, creo que deberíamos buscar otras formas de «reforestar» nuestras ciudades.

Alternativas a los árboles callejeros

Podríamos comenzar plantando bosquecillos en parques, por los que pasan menos cables y tuberías y cuyo terreno no presenta tantas restricciones, donde las raíces puedan conectarse como lo harían en plena naturaleza. En todo caso, deberíamos contar con los terrenos baldíos y plantar grupos de árboles allí, como si se tratara de acogedores bosquecillos urbanos.

Los árboles de las calles existentes deben ser cuidados, y las calles arboladas, celebradas. Los alcorques vacíos deben repoblarse, puesto que allí no habrá cables o tuberías de las que preocuparse. Tal vez los urbanistas y las empresas de construcción de carreteras puedan hallar formas de plantar árboles en nuestras calles sin cultivarlos en condiciones tan estresantes. En lugar de calles arboladas, podemos idear rincones bien poblados de árboles, en áreas de suelo desnudo. Tal vez podamos aprovechar espacios para setos urbanos y plantas trepadoras donde los árboles no crezcan. También podemos, por supuesto, plantar árboles en los jardines urbanos. No hay nada que nos lo impida.

Deberíamos plantar árboles en todos los parques, alcorques y terrenos baldíos disponibles de nuestras ciudades, ahora.

PLANTAR UN ÁRBOL

Un árbol es algo extraordinario. De las raíces a las ramas, pasando por los ciclos estacionales de floración y fructificación, hasta las gloriosas exhibiciones de color caducifolio otoñal, un solo árbol es capaz de transformar un jardín y cautivarnos año tras año. Descubre cómo aprovechar estas increíbles etapas del ciclo de vida en tu jardín y convertir tu árbol en parte intrínseca de él.

Partes del árbol

Hasta ahora, he hablado sobre el panorama general: la evolución de los árboles, su comunidad, su papel en la renaturalización y las ciudades. Pero ¿qué es exactamente un árbol? En botánica, es una planta leñosa que vive muchos años, caracterizada por poseer corteza, ramas y tronco (por lo general, único). Cada árbol ha evolucionado para competir por la luz solar, de modo que es capaz de realizar la fotosíntesis (obtener su propio alimento a partir de la luz solar).

De forma superficial, los árboles constan de raíces, tronco y copa, que incluye ramas, ramillas y hojas.

Raíces

Las raíces absorben agua y nutrientes del suelo, almacenan nutrientes y fijan el árbol en la tierra. Suelen ser poco profundas. Se encuentran principalmente en los 60 cm superiores (2 ft) del suelo y rara vez penetran más de 2 m (6½ ft). Sin embargo, algunos árboles tienen una raíz principal (larga y única) para llegar a las profundidades de fuentes adicionales de agua y nutrientes.

Por lo general, las raíces se extienden a una distancia que representa 2-3 veces el radio de la copa del árbol. A medida que el árbol crece, la raíz principal disminuye de tamaño, mientras que las laterales se engrosan y se vuelven leñosas, y a veces sobresalen del suelo. Muchos árboles dependen de una relación simbiótica entre sus raíces y los hongos micorrícicos (p. 22), que favorece la absorción de agua y nutrientes.

Tronco

El tronco comprende varias partes, algunas de las cuales transportan alimentos y nutrientes. En el centro está el duramen, que es el núcleo del árbol y su parte más fuerte. Si bien técnicamente no está vivo, el núcleo conservará su fuerza mientras las capas externas del tronco estén intactas.

Alrededor del duramen está la albura, que contiene tejidos vasculares del xilema que transportan un fluido acuoso (la savia, que contiene minerales y otros nutrientes) desde las raíces hasta las ramas y hojas. Al madurar el árbol, la savia más vieja se convierte en duramen. En el exterior del tronco se en-

Partes del árbol

cuentra la corteza leñosa, que protege las partes internas. Únicamente las capas internas de la corteza están vivas, mientras que la nueva corteza la produce un sistema vascular de células conocido como cámbium.

La capa interna de corteza se llama floema y, cuando es joven, contiene tejidos vasculares que transportan alimentos (glucosa) en la savia desde las hojas hasta las ramas, la fruta, el tronco y las raíces. A medida que el floema madura, se convierte en corcho, dando paso a un material más nuevo para transportar nutrientes.

Corona

La corona del árbol está formada por sus ramas y hojas. Las hojas producen glucosa (azúcar), a través del proceso de fotosíntesis. Esto implica el uso de energía del sol, que se absorbe utilizando clorofila en cada célula de la hoja; la clorofila también le confiere a la hoja su color verde. La energía del sol se utiliza para dividir las moléculas de agua en sus átomos de hidrógeno y oxígeno. Más tarde, se combina el hidrógeno con dióxido de carbono para crear glucosa, que se transporta a fin de aportar nutrientes a otras partes del árbol. El oxígeno que ha utilizado el árbol vuelve a liberarse a la atmósfera.

Cómo crecen los árboles

Los árboles absorben agua a través de las raíces y producen alimento en las hojas. Desarrollan nuevas células, pero solo en ciertas partes, llamadas meristemos (a diferencia de los animales, cuya producción celular ocurre en la mayoría de partes del cuerpo).

Los árboles tienen meristemos en las puntas de las ramas, las raíces, las yemas foliares y florales, y en el cámbium vascular, que reproduce el floema y el xilema cada año, en particular en regiones con estaciones marcadas. El tronco, las ramas y las raíces van aumentando de diámetro (la edad del árbol se calcula a partir de los «anillos de crecimiento»). Los árboles, pues, crecen hacia afuera y hacia arriba, pero solo desde las puntas y bordes exteriores. La mayor parte del crecimiento ocurre con el calor y la luz de la primavera y el verano, pero también puede detenerse durante períodos de sequía o calor extremo.

Cómo sobreviven los caducifolios

En otoño, los árboles de hoja caduca quedan desnudos (p. 42) y entran en un período de latencia. Las hojas inmaduras (y a veces las flores) se conservan en un brote protector hasta que aumentan las temperaturas y pueden seguir creciendo sin temor a las heladas. Pero las heladas tardías pueden afectar la floración primaveral, en particular la de los frutales de floración temprana.

Cómo mantienen sus hojas los perennifolios

Estos han evolucionado para producir hojas lustrosas o aciculares, más resistentes a las temperaturas invernales que las hojas blandas de los caducifolios. Los árboles de hoja perenne continúan la fotosíntesis durante el invierno, pero a un ritmo más lento.

Además, algunos crean una especie de «anticongelante» para ayudar al árbol durante el invierno. Cuando el agua se congela, se expande y ocupa más espacio, por lo que puede reventar las células de las hojas frágiles. El «anticongelante» comprende una serie de hormonas y proteínas que mantienen intactas las paredes celulares.

Arbustos

Un árbol descrito como un arbusto o árbol pequeño se puede cultivar como uno u otro. El espino albar y el saúco entran en esta categoría. En términos generales, los arbustos son plantas leñosas de múltiples tallos con una forma redondeada, mientras que los árboles son más altos y presentan un solo tallo. Sin embargo, las definiciones no son tan simples, ya que existen árboles de tallos múltiples, como las magnolias, y árboles pequeños que también se pueden cultivar como arbustos o como plantas de cobertura, como el espino albar y el saúco. La forma en que se cultiva o se poda la planta puede determinar si se convierte en un árbol o un arbusto. En mi jardín, cultivo un espino albar estándar (árbol independiente con un solo tallo), pero también estoy cultivando otro como planta de cobertura y otro como arbusto.

Los árboles, pues, crecen hacia afuera y hacia arriba, pero solo desde las puntas y bordes exteriores.

El árbol a lo largo del año

Pensar en qué aspecto tendrá tu árbol desde la primavera hasta el invierno puede ayudarte a decidir cuál elegir. Además del tamaño y la forma y cómo encaja en tu jardín y entre otras plantas (pp. 154-155), piensa en su aspecto a lo largo de las estaciones. Vale la pena considerar no solo las flores y las frutas, sino también la corteza en otoño e invierno, y los amentos de primavera y el color otoñal de las hojas.

Los árboles de hoja caduca están desnudos en invierno, pueden florecer en primavera y fructificar en verano, y las hojas pueden adquirir tonos rojos, amarillos, naranjas e incluso púrpuras antes de caer en otoño. Los árboles de hoja perenne conservan las hojas, por lo que son menos variados a lo largo del año, pero pueden dar flores y frutos al ritmo de las estaciones.

Primavera

La primavera llega con el aumento de las temperaturas y la savia, ya que los árboles (y el resto del jardín) estallan en crecimiento. Las hojas se despliegan y las flores se abren, ofreciendo exhibiciones deslumbrantes de flores u hojas nuevas, tal vez de un color diferente al de las hojas maduras. Muchos árboles destacan por su floración primaveral (pp. 38-39): los frutales como el manzano, el peral y el cerezo son esplendorosos, y algunos cuentan con variedades ornamentales aún más floridas. Otros árboles con increíbles floraciones son el endrino, el espino albar, las bayas de Canadá y la flor de saúco. Los sauces son dignos de mención, ya que algunas variedades (el sauce cabruno Kilmarnock) poseen espectaculares amentos primaverales, para delicia de las abejas.

Verano

Los árboles se llenan de hojas en verano, y algunos presentan frutos inmaduros. El verano, como el invierno, no suele ser una temporada de exhibiciones espectaculares, aunque es importante saber apreciar el árbol en todo su esplendor frondoso y escuchar el susurro de esas maravillosas hojas antes de que caigan. También es vital considerar los árboles como telón de fondo para otras plantas. El verde puede ser un fondo perfecto para destacar otros colores, y se puede plantar un arbusto con flores, como la veigela, frente a él. Algunos árboles, como el árbol de Júpiter y las variedades de cornejo, florecen en verano, por lo que si buscas una deslumbrante exhibición de verano, hay opciones.

Otoño

Época de glorioso colorido en que los árboles de hoja caduca comienzan a entrar en latencia (pp. 42-43). Los frutales también son más bellos en otoño, y algunas especies, como el manzano silvestre, lucen color otoñal de las hojas y producen frutos al mismo tiempo. El mejor color otoñal es el del arce japonés, el zumaque de Virginia, el haya, el liquidámbar, el tupelo chino y el ginkgo (véanse también pp. 124-135).

Invierno

En invierno, los caducifolios presentan tallos desnudos, con pequeñas hojas o capullos florales listos para abrirse en primavera. Si bien el esqueleto de un árbol de hoja caduca en invierno es algo hermoso por derecho propio, en un espacio pequeño es aconsejable uno con corteza llamativa, como el cerezo tibetano, el arce de papel o el abedul del Himalaya. Constituyen el punto focal ideal en invierno si se cultivan en una posición prominente del jardín.

En un espacio pequeño también sirve de relleno un perennifolio. El aspecto de los árboles de hoja perenne es el mismo durante todo el año, pero algunos retienen frutas o bayas durante el invierno, lo que aumenta su atractivo (y su valor para la vida silvestre). El madroño, por ejemplo, produce flores y frutos en invierno, al tiempo que conserva sus brillantes hojas.

El esqueleto de un árbol de hoja caduca en invierno es algo hermoso por derecho propio.

El árbol a lo largo del año

Floración primaveral

Una de las exhibiciones más fantásticas del mundo natural es la floración primaveral. Tras meses de invierno, llega la primavera con sus masas de flores rosadas y blancas. Ponte debajo de un árbol frutal en plena floración y no escucharás nada más que el zumbido de las abejas que vuelan de una flor cargada de polen a otra. La flor de primavera da vida, afirma la vida.

Muchos árboles florecen en primavera, pero en general al decir «floración» pensamos en las flores de los árboles de la familia *Rosaceae*, que incluye manzanos, cerezos, melocotoneros y perales.

Celebrar la floración

La flor de cerezo es particularmente célebre: es la flor nacional de Japón y miles de personas se reúnen cada primavera en los parques y jardines de su país para celebrar el *hanami*, o contemplación de los cerezos en flor. Existen cientos de variedades ornamentales y de fruto. La mayoría de los cerezos ornamentales son cultivares de cerezo japonés *Prunus cerasus* (o «sakura»). Si bien son hermosas, muchas presentan flores dobles, lo que dificulta a las abejas y otros polinizadores el acceso al polen y al néctar.

Aunque la flor de cerezo es sin duda encantadora, la del manzano es la que más me gusta. En un buen año, los árboles de manzano y manzano silvestre se cubren de tantas flores que apenas dejan ver los tallos. La mayoría de variedades presentan brotes rosas que se abren en flores blancas rosadas. Desde la distancia parecen nubes de algodón, y de cerca rugen con el zumbido de cientos de abejorros. Plantar un árbol de flor es plantar un marcador estacional. Pasarás el invierno buscando brotes y la primavera maravillándote con las flores.

A pesar de no ser oficialmente árboles de flor, cabe apreciar otros árboles. El enebro produce hermosas flores, igual que el amor del Canadá. Las magnolias también son famosas por su variedad de bellas flores de primavera, aunque no pertenezcan a las *Rosaceae*.

Floración primaveral

Frutas, frutos, semillas y bayas

Al aportar color, interés y valor para la vida silvestre, frutas, frutos, semillas y bayas mejoran el atractivo del árbol en el jardín. Muchos jardineros optan por un árbol frutal o de bayas, pero no subestimes la belleza de un árbol que produce semillas, como el abedul o el aliso. Me encanta ver los herrerillos colgando bocabajo para comer en mi abedul; las semillas pueden no ser tan coloridas, ¡pero los pájaros sí!

Los árboles, como todas las plantas, se reproducen por fertilización, un proceso que les permite producir semillas para la próxima generación. La fertilización ocurre después de la polinización, cuando el polen masculino entra en contacto con los ovarios femeninos. Los insectos o el viento polinizan las flores, y estas se convierten en frutos, que toman varias formas, como bayas, frutas o piñas.

Polinización con insectos
Muchos árboles, como el manzano, el cerezo y el espino albar, producen néctar dulce y azucarado para atraer insectos. Los polinizadores poseen diferentes piezas bucales. La longitud de la probóscide (lengua) varía entre abejas, mariposas y polillas, mientras que las moscas tienen un tipo diferente de probóscide. Las flores han evolucionado en varias formas para acomodar diferentes bocas. Los árboles polinizados por insectos pueden producir flores masculinas y femeninas en el mismo árbol o en árboles separados. Algunas flores contienen partes masculinas y femeninas en la misma floración; se conocen como hermafroditas. Sin embargo, esto no siempre significa que se autofertilicen. Tal vez conozcas la necesidad de un «socio de polinización» en el caso de los manzanos (p. 151): a pesar de tener flores hermafroditas, muchos manzanos precisan otro árbol para ser polinizados.

Cuando los insectos visitan las flores, recolectan polen intencionalmente, o «accidentalmente» se les adhiere al cuerpo mientras se alimentan de néctar. Cuantas más flores visitan, más polen se transfiere. Algunas abejas son particularmente útiles para la polinización:

las abejas melíferas y abejorros cargan el polen del cuerpo en sus «cestos» de las patas traseras, pero otros insectos lo acumulan en una especie de «cepillo» abdominal. Esto aumenta la posibilidad de que se les caiga al visitar otras flores, y el resultado es la fertilización.

Polinización con el viento

Algunos árboles, incluidos los robles, liberan polen en el aire para que el viento lo lleve a los ovarios. Las coníferas también son polinizadas por el viento, pero presentan piñas masculinas y femeninas en lugar de flores.

Cómo se forman las frutas, frutos, semillas y bayas

Tras la fertilización, las partes femeninas de la flor se convierten en una fruta que contiene semillas. El fruto puede ser carnoso, como una baya, manzana o cereza, o papiráceo y alado, como una sámara (en sicomoros, abedules y olmos). Como los árboles no se mueven, han desarrollado formas para que sus semillas viajen. Las frutas y bayas son ingeridas por mamíferos o aves, y la semilla se dispersa para crecer en otro lugar, tal vez a kilómetros del árbol original. Las sámaras pueden ser levantadas y transportadas por el viento. Algunas frutas, como los cocos, flotan en el agua y pueden comenzar una nueva generación en otra tierra.

Muchos frutos, como las almendras y las nueces, son en realidad frutas conocidas como drupas: la parte que comemos es la semilla, que se aloja bajo una capa carnosa. Los frutos como avellanas, bellotas y castañas, se describen botánicamente como frutas secas de semilla única. Se forman cuando la pared ovárica de una flor fertilizada se endurece y forma una cáscara dura. El mismo proceso de fertilización, pues, da multitud de resultados diferentes. ¿No es maravillosa la naturaleza?

Las flores han evolucionado en varias formas para acomodar bocas de diferentes polinizadores.

Coloración otoñal de las hojas

Plantar un árbol por su color otoñal es plantar luz en la oscuridad. Justo cuando las flores se desvanecen y el jardín comienza a apagarse, el árbol despliega una paleta de colores completamente nueva. Adoro mi abedul en otoño, cuando sus hojas en forma de corazón adquieren un glorioso color amarillo. Es lo primero que veo al mirar por la ventana, y cuando el sol ilumina sus hojas, mi corazón se derrite.

Además del abedul, el espino albar y el serbal silvestre me proporcionan color con bayas rojas, y el espino albar a veces también luce hojas rojas. Pero muchos árboles de hoja caduca se ven bien en otoño, con tonos naranjas, rojos y amarillos como un florecimiento final antes de que llegue el invierno.

Los pigmentos naranjas y amarillos están presentes durante todo el año, pero no los vemos porque están ocultos por el pigmento verde dominante, la clorofila, necesaria para la fotosíntesis que produce glucosa (alimento para el árbol). Algunas hojas también contienen pigmentos rojos y rosados (antocianinas), igualmente ocultos por la clorofila.

Hacia el final del verano, el árbol deja de producir clorofila y ya no depende de la fotosíntesis como fuente de energía, pues usa en su lugar la glucosa almacenada. A medida que las hojas mueren, los pigmentos verdes se descomponen para revelar los otros. La intensidad y la estabilidad de los pigmentos rojos y rosas difieren según la cantidad de glucosa que un árbol haya almacenado, la acidez del suelo, la temperatura y otros factores. Esto significa que el color otoñal varía ampliamente de un año a otro.

En este punto, las hojas ya no funcionan para producir alimento. Los vasos que conectan la hoja con el árbol se cierran y aumenta de tamaño una capa de células entre el tallo de la hoja y la ramita que la sostiene, conocida como la capa de abscisión. Este proceso desprende la hoja sin dejar herida. El árbol entra en latencia y ahorrará energía durante el invierno para su próximo gran momento: la primavera.

Coloración otoñal de las hojas

El papel del árbol en tu jardín

El árbol desempeñará tres papeles clave en tu jardín: uno para ti y los tuyos, incluidos los vecinos; uno para los otros árboles, plantas y hongos que crecen a su alrededor; y uno para la vida silvestre, desde los insectos más pequeños, como pulgones y minadores de hojas, hasta las aves que se posan en sus ramas y los pequeños mamíferos que descansan en sus agujeros e hibernan bajo sus hojas caídas.

La gente se arraiga a su árbol de jardín. Sigue el paso que marca las estaciones por su aspecto: flores en primavera, colorido de las hojas o frutos en otoño, desnudez en invierno o una corteza vívida o (si es de hoja perenne) hojas brillantes y bayas.

El árbol y tú

Percibir los cambios de un árbol a través de las estaciones es una práctica de atención. La atención consciente nos ayuda a distraernos de otros asuntos que nos afectan, y mejora la salud mental. Ver cómo transcurre cada estación nos recuerda que el mundo gira, que estos antiguos procesos naturales, de brote y floración y fructificación y caída de hojas, siguen intactos.

Puedes sentarte debajo de tu árbol y escuchar el crujido de sus hojas o el ascenso de su savia. Puedes observar pájaros posarse en las ramas o ardillas subiendo y bajando por el tronco. Cuando las hojas caen en otoño, es posible que veas mirlos volteándolas en busca de larvas. Podrías quedarte embobado viendo un petirrojo llenándose la boca de bayas.

Plantar un árbol es lo último en autocuidado porque, desde el momento en que lo plantes, estarás enamorado de sus procesos, su altura, su función en el jardín. Plantar un árbol es invertir en el futuro, sí, pero también es invertir en ti mismo, porque los árboles son inherentemente buenos para ti.

Y no solo tú te beneficiarás de ello: también tus vecinos, algunos de los cuales nunca habrás conocido, pueden amar tu árbol. Ellos también contemplarán sus cambios estacionales, su color otoñal y la floración primaveral. También ellos disfrutarán de las aves que atrae tu árbol, ya que no visitarán solo tu jardín, sino también otros. No olvides que, al plantar tu árbol, estás brindando un servicio a tu comunidad (pp. 50-51): habrá quien se detenga para admirar un bonito jardín, para disfrutar de tu árbol, incluso desde un par de calles de distancia.

En un sentido más práctico, tu árbol proporcionará sombra, aportará altura y estructura a tu jardín y creará un punto focal. Puedes plantarlo frente a un edificio antiestético que desees ocultar, o en una ubicación donde bloquee la vista desde la ventana de un vecino, para disfrutar de más privacidad. Más práctico aún será el hecho de que retendrá el agua en la tierra con sus raíces, colaborando para evitar inundaciones. Si lo plantas en un área urbana, contribuirás sin duda al enfriamiento de las temperaturas de la ciudad (pp. 26-28). Las hojas también amortiguan el viento y absorben partículas contaminantes, algo de lo que nos beneficiaremos ahora y en los próximos años.

El árbol y el jardín

Los árboles se conectan con otros árboles, arbustos y plantas a través de los sistemas de raíces y los hilos fúngicos (hifas) de su alrededor (p. 22). Crecen mejor cuando se plantan en pequeños grupos, ya que se alimentan y se comunican entre sí a través de las raíces, ayudados por hongos. Si dispones de espacio para plantar más de un árbol, hazlo. Si no, tal vez tu vecino tenga un árbol con el que el tuyo pueda conectarse.

El árbol y la fauna

Los mejores árboles proporcionan variedad de alimentos y hábitats para gran diversidad de especies, incluidos insectos y sus larvas, y aves.

Los autóctonos tienden a ser mejores para la fauna que los alóctonos (pp. 20-21). Las polillas y otros insectos voladores ponen huevos en las hojas, y las aves alimentarán a sus polluelos en el nido con esas larvas. A medida que el árbol crece, desarrolla fisuras en la corteza, que albergarán insectos hibernantes. Al envejecer, aparecerán agujeros en el tronco, que proporcionarán lugares de anidación para aves y pequeños mamíferos. Los espacios entre las raíces pueden llenarse de agua y convertirse en el hábitat perfecto para que los sírfidos pongan sus huevos, mientras que un agujero seco puede ser lo suficientemente grande para un erizo. Un árbol es un ecosistema por derecho propio, una ciudad que cientos de especies podrían llamar hogar.

Encontrar el sitio correcto

Antes de ir a por la pala para plantar tu árbol, deberás pensar en el impacto que producirá para ti y tus vecinos. Presta atención a dónde cae la luz en el jardín, cuánta sombra se proyectará en tus espacios y en los de tus vecinos. No solo pienses en el árbol y el jardín actuales, sino también en cómo cambiarán en los próximos 20 años o más.

Es triste, pero los árboles y los setos son una causa frecuente de disputas vecinales. Las quejas surgen de setos y árboles demasiado altos que proyectan demasiada sombra, y los que dejan caer muchas hojas o semillas también pueden ser problemáticos. Lo último que quieres es pelearte con los vecinos, así que planifica bien. Quizás valga la pena hablar con ellos de antemano: ¡tal vez ofrezcan buenos consejos, o incluso se inspiren y planten un árbol propio!

Piensa en la sombra

Dependiendo de dónde llegue el sol, plantar el árbol en un lado u otro del jardín significa que hará menos sombra a las parcelas vecinas. Si crees que la sombra sería un problema, evita los árboles con copas grandes y densas (como los de hoja perenne). Los de copa aireada, como el abedul y algunos tipos de palmeras, proyectan sombra moteada en lugar de profunda, por lo que pueden ser un buen término medio en un área urbanizada.

También vale la pena pensar en cuánta sombra ya se proyecta en tu jardín. La mayoría de los árboles crecen a una altura donde las hojas puedan acceder al sol (así es como evolucionaron para ser árboles), por lo que plantar un árbol en la zona norte del jardín no será un problema a largo plazo: si una cerca arroja sombra, el árbol crecerá fácilmente para sobrepasarla. Sin embargo, la sombra de edificios y otros árboles podría bloquear la luz tan necesaria para tu árbol. Algunos árboles toleran la sombra mejor que otros: los que florecen y dan fruto suelen precisar mucho sol para que los frutos maduren, pero los de follaje pueden arreglárselas con menos luz. Ten en cuenta, sin embargo, que los mejores colores otoñales los ofrecen árboles que han gozado de mucho sol en verano (p. 42).

Plantar cerca de edificaciones

Los árboles cercanos a edificios no acostumbran a causar daños, pero las raíces pueden estropear los desagües y el pavimento, o en casos raros causar hundimiento, mientras que las ramas pueden afectar a techos y canaletas. El hundimiento es más probable en casas construidas antes de la década de 1950, ya que los cimientos son menos profundos. Esto es más probable si el suelo es arcilloso, ya que encoge en períodos prolongados de sequía. Las casas más antiguas también presentan sistemas de drenaje más antiguos, y es más probable que las raíces los bloqueen.

Es posible que en tu ciudad no haya límites establecidos sobre la distancia a la que se debe plantar un árbol de una casa, pero es necesario consultar antes la normativa vigente. La distancia puede depender de la edad de la casa y del tipo de árbol. Un frutal injertado en un pie enano no desarrollará la raíz de un roble, y nunca crecerá tanto como para alcanzar el techo o los canalones. Sin embargo, los caducifolios grandes, particularmente los de raíces succionadoras, como el olmo, deben evitarse.

Por regla general, los árboles extienden sus raíces a una distancia equivalente a la mitad o la altura completa del propio árbol. Los más tolerantes a la sequía dependen menos del agua y, por lo tanto, sus sistemas de raíces son más pequeños. Averigua la altura final del árbol, su tolerancia a la sequía, el tipo de suelo que prefiere y la edad de tu casa, y decide lo que sea mejor. Yo planté mis árboles a 12 m (40 ft) de mi casa victoriana, pero el serbal silvestre está a solo 5 m (16 ft) de la nueva construcción de mis vecinos. Su copa podría crecer hasta 8 m (26 ft) en 50 años (4 m / 13 ft a cada lado del tronco), y habrá que podar algunas ramas anualmente para proteger las canaletas. En mi suelo margoso las raíces no serán un problema.

Integrar el árbol en el jardín

También es importante considerar cómo afectará el árbol al aspecto de tu jardín. Con el tiempo, se convertirá en una gran presencia, con altura y estructura, un punto focal que atraerá la atención en el jardín. Aprovéchalo: crea un parterre atractivo alrededor del árbol (pp. 154-55), con arbustos y plantas herbáceas que no solo sean bonitas, sino que crezcan en armonía con tu árbol y proporcionen hábitats adicionales para aves, abejas y otros animales.

Elige un árbol que se ajuste a la escala de tu jardín: uno enorme no siempre es la mejor opción. El espacio puede ser demasiado pequeño o sombrío, o quizás los vecinos ya hayan mostrado preocupación por la posible sombra proyectada en su jardín. Afortunadamente, existen alternativas.

Setos

Un seto es algo maravilloso que se consigue plantando árboles muy juntos (a intervalos de 30 cm / 12 in) y cortándolos cada uno o 2 años. En espacios pequeños, se puede mantener una altura de solo 1 m (3 ft) y plantar en filas individuales para que el seto no crezca demasiado. O, si hay más espacio, en filas dobles para un seto más grueso que se deje crecer hasta una altura de 2 m (6½ ft) o más. Los setos son ideales para espacios urbanos pequeños, no solo porque se pueden recortar a medida, sino porque absorben más partículas contaminantes que los árboles al estar cerca del suelo (la altura perfecta para absorber las partículas que emiten los automóviles). Como los árboles, absorben dióxido de carbono y agua, y son valiosos para las especies silvestres. Los setos limitan los jardines y permiten que la vida salvaje se traslade más fácilmente entre ellos, al tiempo que ofrecen refugio tanto para aves que anidan como para erizos que hibernan. Además, los setos filtran el viento, disminuyendo su intensidad. Como cortavientos, son prácticos en jardines expuestos, y proporcionan una solución a las condiciones más ventosas provocadas por el cambio climático. Algunos árboles se prestan mejor a la poda como setos: los de hoja perenne como el tejo forman setos densos, mientras que la poda regular mantiene a las hayas en su estado juvenil, por lo que sus hojas otoñales permanecen coloridas durante todo el invierno, con un efecto hermoso. Un seto mixto de espino albar, avellano, endrino y rosa silvestre es un maravilloso hábitat para animalitos, que suministra alimento y hogar para una gran variedad de especies.

Árboles a espaldera y guiados en abanico

Estos árboles son generalmente frutales cultivados contra una pared o cerca, guiados en forma de abanico o en una serie de «niveles». Son una manera fantástica de cultivar fruta en un espacio pequeño, y resultan muy ornamentales. Incluso puedes cultivarlos utilizando cables sujetos a postes. Yo, por ejemplo, tengo una separación vegetal a espaldera entre mi parcela y la de mis vecinos.

Entre ambos, disponemos de dos manzanos y tres perales, y compartimos la fruta. Los manzanos y perales se pueden guiar de varias maneras, tanto a espaldera o en abanico, mientras que los cerezos, melocotoneros, ciruelos y albaricoqueros solo en abanico (p. 151). Todos se venden como plantones (árboles jóvenes) que uno mismo entutora o como árboles ya formados que se plantan y se podan anualmente. Son fáciles de cultivar y producen gran cantidad de fruta.

Cultivar árboles en macetas

Si el espacio es muy pequeño, vives de alquiler o el suelo es muy pobre, podrías cultivar un árbol en una maceta. Solo los más pequeños son adecuados, pero algunos se han desarrollado para este propósito. Los manzanos cultivados en portainjertos enanos funcionan bien en macetas, mientras que los arces japoneses de crecimiento lento y los cornejos en flor son ornamentales fantásticos. Para una exhibición formal de hoja perenne, elige olivos, tejos o laurel, o para un sitio soleado y protegido, un limonero o una higuera. La raíz de un árbol en maceta nunca será como la que crece en terreno libre, por lo que deberás regarlo y alimentarlo regularmente para que crezca bien. Mantén el suelo fresco acolchándolo o renovando los centímetros superiores anualmente.

Trepadoras

En espacios aún más pequeños, busca trepadoras. La mayoría son fáciles de cultivar y pueden ser tan altas y densas como árboles y setos. La hiedra es de un valor increíble, absorbe contaminantes y proporciona hogares a la vida silvestre. La madreselva y la clemátide, las rosas trepadoras y el jazmín son otras posibilidades.

Un seto mixto de espino albar, avellano, endrino y rosa silvestre es un maravilloso hábitat para animalitos.

El árbol en la comunidad

Según la Oficina de Estadísticas del Reino Unido (ONS), una de cada ocho casas no dispone de jardín. Entonces, si no tienes un jardín, ¿cómo plantas un árbol? ¡En tu comunidad, por supuesto! Únete a un grupo, crea uno o participa en la plantación de árboles en un parque o espacio verde cercano.

Seguramente haya alguna agrupación vecinal en tu barrio. Algunas aprovechan espacios de tierra para crear jardines y reservas naturales, mientras que otras ayudan a mantener los parques. He visto huertos en viejas vías férreas, «jardines secretos» en terrenos de iglesias y arriates en rincones de las aceras. Incluso las macetas de la calle sirven para reverdecer la zona.

Unirse a una agrupación vecinal

Si deseas involucrarte con tu barrio, averigua qué grupos existen. Busca agrupaciones tipo «Amigos de», que se encarguen de las plantas de parques, reservas naturales, pequeños jardines comunitarios, huertos urbanos o plazas. Consulta la página de Facebook de tu zona, pregunta a los vecinos o visita un parque o espacio verde cercano para ver si hay carteles que anuncien dicho grupo. Puedes crear el tuyo propio con asesoramiento del ayuntamiento o de otro grupo.

Plantar en un espacio comunitario

Hay otras opciones aparte de un grupo. Ponte en contacto con la sección de jardinería de tu municipio. Es posible que puedas «donar» un árbol a un parque local, que ellos planten y mantengan. Plantar en espacios verdes como parques y jardines comunitarios es mucho más viable que plantar árboles en las calles (pp. 28-29), pero consulta antes al ayuntamiento. Te informarán sobre las posibilidades y deben tener conocimiento de ello, ya que es probable que se encarguen del mantenimiento. Nunca plantes árboles sin permiso, podrías estar creando un problema sin saberlo.

El árbol en la comunidad

FICHAS DE ÁRBOLES

Si plantas solamente un árbol, asegúrate de que sea el adecuado para ti y tu jardín. Conoce estos 50 árboles de jardín, algunos con floración primaveral y otros que producen bayas, frutas y semillas, además de perennifolios y palmeras. Encuentra ideas para espacios grandes y pequeños, junto a consejos para ayudar a la fauna silvestre y cultivar árboles en un clima cambiante.

ÁRBOLES
PEQUEÑOS

Para jardines pequeños o urbanos donde cabe considerar el tamaño de la parcela, la sombra y los vecinos, los árboles pequeños son la opción obvia. Muchos se pueden cultivar en tiestos en patios, terrazas, azoteas y balcones. Los árboles pequeños ofrecen variedad de formas y tamaños y pueden ser de hoja perenne o caduca, de flor o fruta, adecuados para la fauna silvestre y muy ornamentales. Si bien algunos árboles de esta selección crecen hasta 12 m (39 ft) de altura (la mayoría son mucho más pequeños), son de crecimiento lento y pueden tardar muchos años en alcanzar este tamaño. También encontrarás árboles pequeños en otras categorías, como entre los frutales (pp. 64-77) y los de colorido otoñal (pp. 124-135).

GUILLOMO NEVADO

Amelanchier lamarckii

Árbol vistoso, de múltiples tallos, con hojas jóvenes de color rosa cobrizo que estallan cuando las masas de flores estrelladas blancas salen en primavera.

Es un buen centro de atención en el césped o como parte de un margen o seto ornamental mixto. Las hojas adquieren un amarillo verdoso antes de volverse rojas en otoño. Las bayas moradas se usan para decorar postres como magdalenas y pasteles en Norteamérica. También son populares entre las aves de jardín.

Hay varios cultivares híbridos, como el *Amelanchier × grandiflora* Ballerina, de hábito más erecto que el *A. lamarckii*, y el *A. × grandiflora* Robin Hill, de bellas flores rosas.

Hoja

Ramilla

Bayas

CARACTERÍSTICAS

Hojas Oblongas, papiráceas, broncíneas en primavera y rojizas en otoño

Ramillas Rojizas, con ocasionales motas grises

Flores Estrelladas, blancas

Fruto Bayas comestibles de color rojo oscuro a púrpura

Corteza Lisa y gris, con sutiles líneas y manchas grises que se desarrollan con la edad

CUIDADOS

A pleno sol lucirá la mejor floración, fructificación y color otoñal. Si crece como seto, plántalo a 2 m (6½ ft) de separación. No necesita poda regular, pero vale la pena eliminar los tallos muertos o cruzados después de la floración. Acólchalo en otoño con compost casero o estiércol.

Altura/dimensiones 12 × 8 m (39 × 26 ft) a los 20 años

Esperanza de vida 40 años

Suelo Arcilla, marga, arena; ácido o neutro; húmedo, pero bien drenado

Origen Norteamérica

Resistencia H7

Árboles pequeños

CARACTERÍSTICAS

Hojas Hasta 6 cm (2½ in) de longitud, lustrosas y ovaladas con dientes redondeados; en otoño, amarillas o a veces rojas, anaranjadas y púrpuras

Ramillas Grisáceas, desarrollan grietas con la edad, dan yemas foliares puntiagudas con vello plumoso en tallos cortos; les pueden salir espinas a las ramillas en áreas expuestas

Flores De 5 pétalos, y blancas, rosas o rojas

Fruto/semilla Frutas parecidas a la manzana, rojas o amarillas

Corteza Gris pardo, salpicado

Malus sylvestris

56   FICHAS DE ÁRBOLES

MANZANO SILVESTRE

Malus spp.

Perfecto para jardines pequeños, el manzano silvestre es compacto y lozano casi todo el año. En primavera, produce masas de flores, que se convierten en coloridos frutos otoñales que duran hasta bien entrado el invierno. Algunas especies también presentan un impactante follaje otoñal. Son refugios excelentes para la fauna, que aprovecha flores y frutas. También son útiles para los jardineros: a menudo se cultivan como «socio de polinización» (p. 151) para ayudar a producir más fruta a los manzanos de fruto comestible.

La mayoría de los manzanos silvestres se pueden cultivar como arbusto grande o árbol pequeño, y algunas especies forman flores dobles o coloración inusual del follaje. Realmente son árboles hermosos.

La flor del manzano silvestre es valiosa para los polinizadores, en particular las abejas, y el fruto de muchas variedades se utiliza para hacer gelatina. La fruta que quede en el árbol proporciona alimento para aves y pequeños mamíferos en invierno. El manzano silvestre también puede albergar muérdago, una planta semiparasitaria que crece en la corteza de algunas especies. En las islas británicas existe un manzano silvestre nativo, *Malus sylvestris*, que se cultiva como árbol o para crear setos. Hay alrededor de 40 especies más de manzano silvestre originarias de Europa, Asia y Norteamérica, *M. sargentii* y *M. floribunda* incluidas, ambas de tallos múltiples. La mayoría de los árboles disponibles derivan de una o más de estas especies.

CUIDADOS

Por lo general, solo es necesaria una poda ligera, con la eliminación de tallos muertos y cruzados como prioridad (p. 159). Algunas especies se benefician de la eliminación de los tallos más bajos para «elevar» la copa. El manzano silvestre es susceptible a una serie de plagas y enfermedades, incluidos el moteado del manzano, el fuego bacteriano, la polilla del manzano y la roya del cedro y el manzano. El árbol afectado suele vivir bien, y no hay necesidad de tomar ninguna medida. Las plagas como los pulgones son parte del ecosistema natural y serán devoradas por depredadores como aves y avispas.

Altura/dimensiones 5 × 4 m (16 × 13 ft) a los 20 años

Esperanza de vida 70 años

Suelo Arcilla, marga, arena; ácido, alcalino o neutro; húmedo, pero bien drenado

Origen Europa, Norteamérica, Asia

Resistencia H6

Árboles pequeños

NÍSPERO

Eriobotrya deflexa

Altamente ornamental, de aspecto tropical, el níspero es de crecimiento perenne y resulta atractivo durante todo el año.

Tiene un hábito arreglado y compacto, por lo que es ideal para cultivar en macetas, o podar en vertical o como árbol a espaldera (p. 151). Su densa copa es útil como pantalla. Las hojas coriáceas crecen hasta 30 cm (12 in) y lucen envés casi blanco. Además de hojas llamativas, el níspero produce flores pequeñas y puede dar frutos parecidos. En climas templados, los veranos no son lo bastante cálidos como para que la fruta madure y sea comestible, a menos que se trate de una estación inusualmente cálida. Sin embargo, con el cambio climático, cultivar los propios nísperos podría ser una opción en el futuro.

Hoja

Flor

Fruto

Altura/dimensiones 8 × 8 m (26 × 26 ft) a los 20 años

Esperanza de vida 30-50 años

Suelo Creta, arcilla, arena, marga; ácido, alcalino o neutro; húmedo, pero bien drenado

Origen China y Japón

Resistencia H4

CARACTERÍSTICAS

Hojas Perennes, lustrosas, oblongas y verdes, de hasta 20 cm (8 in); envés pubescente

Ramillas Verdes y gruesas

Flores Pequeñas y rosas-blancas, agrupadas en panículas y olor a espino albar

Fruto/semilla Fruto suave, comestible, cruce entre manzana y albaricoque, algo ácido

Corteza Fina y que se daña con facilidad

CUIDADOS

Resistente a –10 °C (14 °F), el níspero puede sufrir daños en invierno. Ten a mano una manta térmica agrícola para proteger las hojas si las temperaturas descienden por debajo de –10 °C (14 °F) o, si crece en maceta, trasládalo al interior hasta que las temperaturas remonten.

HELECHO ARBÓREO

Dicksonia antarctica

No es estrictamente un árbol, pero con sus tallos en forma de tronco y corona de frondas, lo parece y desempeña el mismo papel en el jardín.

El «tronco» es en realidad el sistema de raíces, y está cubierto de masas de raíces aéreas, que toman gran parte del agua y los nutrientes de la atmósfera húmeda. Esto significa que, en condiciones secas, es posible que debas regar el tronco para mantenerlo húmedo. Estos helechos son de crecimiento extremadamente lento –2,5 cm (1 in) por año–, por lo que es mejor adquirir un ejemplar maduro. Viven bien en espacios urbanos y como parte de plantaciones forestales (¡con un toque exótico!). A pesar de ser originarios de Tasmania, donde rara vez se alcanzan temperaturas bajo cero, resisten hasta –9 °C (16 °F) por períodos cortos, aunque perderán las hojas, y es importante evitar que el tronco se congele. Para asegurar su supervivencia, cultívalo en un lugar húmedo y sombreado.

Altura/dimensiones 2,5 × 2 m (8 × 6½ ft) a los 20-50 años

Esperanza de vida 500 años

Suelo Arcilla, marga; neutro o ácido; cenagoso, húmedo

Origen Tasmania

Resistencia H3

Tronco

Fronda

CARACTERÍSTICAS

Hojas Frondas tipo helecho

Fruto/semilla No produce semillas, pero presenta diminutas esporas en el envés de las frondas

Corteza Entramado fibroso de raíces

CUIDADOS

En invierno, protege el tronco y el punto de crecimiento en la parte superior envolviéndolos en las frondas viejas, junto con un poco de paja y manta agrícola. Esto evitará que el sistema de raíces se congele o se seque, y garantiza que broten nuevas frondas de la parte superior en primavera.

Árboles pequeños

OLIVO

Olea europaea

Uno de los árboles de cultivo más antiguos conocidos, se cultivaba tradicionalmente por su fruto, además de ser un símbolo de felicidad y paz. La vida media de los olivos es de 300-600 años, y el más antiguo que se conoce tiene 2000 años. Los olivos son perennifolios populares para el jardín en las regiones del sur, con sus características hojas ovaladas de color gris plateado, flores blancas discretas y, ocasionalmente, aceitunas comestibles.

Los olivos son muy ornamentales y fáciles de cuidar. Se desarrollan mejor, y es más probable que produzcan frutos, al sol, y toleran suelos pobres. De crecimiento lento, son árboles que crecen bien en macetas. Se pueden podar en vertical (estándar), con un solo tallo largo; un par de estándares quedan realmente bien flanqueando cualquier puerta. En áreas más frías, es posible que necesiten protección durante el invierno.

Los poliniza el viento y, con suerte, tu olivo a los 3-5 años puede comenzar a producir frutos. Puedes cosechar las aceitunas verdes, pero es mejor esperar hasta que estén negras y comiencen a caer de las ramas.

Recién cosechadas, son amargas, y para que sean sabrosas, debes ponerlas en remojo durante 10 días, cambiando el agua a diario. Guárdalas en frascos de salmuera (agua salada) durante unas 4 semanas antes de comerlas.

CUIDADOS

Se necesita muy poca poda. Sin embargo, a final de primavera o principios de verano, conviene retirar las ramas muertas, enfermas o moribundas (pp. 158-159). Para árboles estándar (independientes con un solo tallo), como los otros frutales, corta las ramas para crear un centro abierto en forma de cuenco, donde la luz y el aire lleguen a la fruta. Evita podar demasiado, ya que el resultado serán «brotes de agua» no fructíferos, más débiles y más susceptibles a las enfermedades.

Para la protección invernal de los olivos en macetas, si es necesario, adquiere una manta agrícola para envolver la copa y cerrarla alrededor del tallo con un cordón.

Altura/dimensiones 8 × 3 m (26 × 10 ft) a los 20 años

Esperanza de vida 300 años

Suelo Arcilla, marga, arena; ácido, alcalino o neutro; húmedo, pero bien drenado

Origen Europa

Resistencia H4

CARACTERÍSTICAS

Hojas Coriáceas, gris plata verdoso, ovaladas y estrechas, de hasta 7,5 cm (3 in)

Ramillas Lisas y grises

Flores Diminutas y blancas, en racimos de hasta 5 cm (2 in)

Fruto Drupas verdes (aceitunas), negras al madurar, con hueso central

Corteza Lisa y gris de joven, que se endurece y retuerce con el tiempo

Fruto

Corteza

Flor

Árboles pequeños

61

CARACTERÍSTICAS

Hojas Ovaladas y lustrosas, de hasta 12 cm (5 in); amarillas, rojas y moradas en otoño

Ramillas Marrón claro y algo vellosas

Flores Rojas, en glomérulos de tallos desnudos

Fruto Cápsulas leñosas que contienen una semilla marrón brillante y se abren al madurar

Corteza Lisa, al madurar se descama en tonos grises, crema y naranja

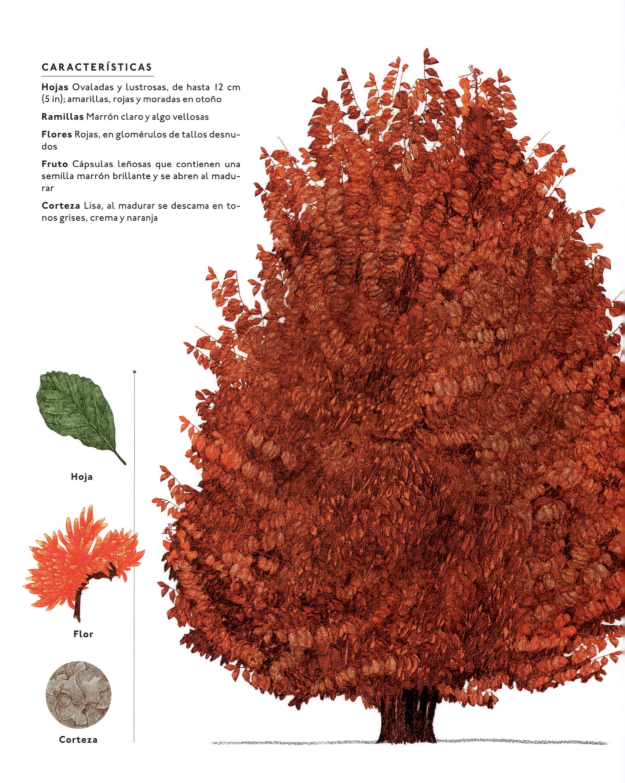

Hoja

Flor

Corteza

FICHAS DE ÁRBOLES

ÁRBOL DEL HIERRO

Parrotia persica

Famosas por su color otoñal, las hojas brillantes, acanaladas y de color verde suave adquieren increíbles tonos de amarillo, naranja, rojo y púrpura en otoño. Además, el árbol se aferra a sus hojas durante más tiempo que otras especies, por lo que su exhibición puede durar semanas.

Unas pocas semanas tras la caída de las hojas, se ilumina nuevamente a finales de invierno hasta la primavera con racimos de flores rojas que pueblan las ramas desnudas. La corteza también es atractiva: de color gris plateado, comienza a desprenderse a medida que madura, revelando una corteza joven debajo en hermosos tonos rosas, verdes y amarillos.

Es originario de Irán y el Cáucaso, y es un miembro de la familia de las hamamelidáceas. Sus flores se asemejan a las del avellano de bruja. El cultivar Vanessa es una versión más vertical, por lo que es más adecuado para jardines. Crece en todos los suelos, pero su color otoñal se desarrolla mejor en suelos algo ácidos.

CUIDADOS

Necesita muy poca poda. Solo retira las ramas cruzadas y muertas a finales de invierno hasta principios de primavera. Cualquier remodelación o reducción de tamaño también debe hacerse entonces.

Altura/dimensiones 8 × 8 m (26 × 26 ft) a los 20 años

Esperanza de vida 150 años

Suelo Creta, arcilla, marga, arena; ácido, alcalino o neutro; húmedo, pero bien drenado

Origen Del Norte de Irán al Cáucaso

Resistencia H6

ÁRBOLES
FRUTALES

No solo proporcionan interés y valor para la fauna, sino también flores y frutas comestibles. Un manzano o peral maduro, por ejemplo, proporciona alimentos y hábitats para una gran variedad de especies, así como frutas frescas. La flor del árbol frutal es muy importante para los primeros polinizadores en primavera. Muchas especies pueden formarse a espaldera o en abanico contra una cerca o pared (p. 151), lo cual ayuda a la fruta a madurar y resulta excelente para jardines pequeños. Deja las ganancias inesperadas para la fauna y no te preocupes por las «plagas» que ataquen la fruta. Simplemente, corta alrededor de cualquier agujero u otros signos de daño y busca maneras de aumentar el número de depredadores en tu jardín si las plagas se desbocan.

CIRUELO

Prunus domestica

Por su atractivo valor floral, frutal y para la vida silvestre, los ciruelos son fantásticos arbolitos de jardín.

Ciruelas, claudias y damascenas están relacionadas. Las ciruelas son grandes y suaves; las claudias, más pequeñas, redondas y dulces; las ciruelas Mirabelle, aún más pequeñas y de amarillo a rosa oscuro. Las damascenas, picantes y ácidas, se usan para mermelada. Al comprar, verifica las necesidades de polinización del cultivar: muchos son autofértiles, pero otros necesitan otro ciruelo para la fertilización. Todos pueden podarse en abanico para ahorrar espacio (con un portainjerto enano: pp. 150-151). El Victoria es un ciruelo autofértil y bien adaptado; el Avalon produce grandes ciruelas rojas. Las hojas del ciruelo alimentan a las polillas, las abejas usan las flores y aves, insectos y mamíferos se comen la fruta.

Hoja

Ramilla

Flor

Altura/dimensiones 4 × 4 m (13 × 13 ft) a los 20 años

Esperanza de vida 50 años

Suelo Arcilla, marga, arena; neutro; húmedo, pero bien drenado

Origen Europa

Resistencia H5

CARACTERÍSTICAS

Hojas Verde oscuro, ovaladas, aserradas y a veces aterciopeladas por el envés

Ramillas Marrón oscuro, rectas, a veces espinosas

Flores Blancas, con 5 pétalos, en glomérulos, al mismo tiempo que se forman las hojas

Fruto/semilla Fruto grande y carnoso (drupa) con una gran semilla o hueso

Corteza Marrón oscuro

CUIDADOS

Poda en verano para evitar el estéreo purpúreo (p. 167), dando forma de cuenco abierto (p. 161). Acolcha en otoño para suprimir las malas hierbas y retener la humedad.

Árboles frutales

MANZANO

Malus domestica

Los manzanos se encuentran en todas las formas y tamaños y son árboles de jardín populares, ya que son fáciles de cuidar y proporcionan años de valor ornamental y disfrute. Se cree que la especie *Malus domestica* deriva de la especie silvestre *M. sieversii*. Se han cultivado durante miles de años y existen alrededor de 7500 variedades.

Tradicionalmente, los manzanos crecían hasta unos 30 m (100 ft) de altura, pero ahora la mayoría se injertan en pies que controlan su tamaño y forma (pp. 150-151). Pueden cultivarse como estándares (árboles independientes con un solo tallo) o a espalderas contra una pared, cerca o alambres (p. 151). Hay tipos más innovadores, como los enanos, que se pueden formar como seto bajo, y los manzanos «familiares», con diversas variedades injertadas en un pie.

Para obtener la mejor cosecha de frutas, la mayoría necesita un «socio de polinización», un tipo diferente de manzano (o manzano silvestre, pp. 56-57) que florece al mismo tiempo y ayuda a la polinización. La enorme variedad de cultivares abarca desde Cox's Orange Pippin y Spartan, más comunes, hasta los menos conocidos Ashmead's Kernel y Claygate Pearmain. Muchas variedades antiguas de manzano están vinculadas a regiones geográficas específicas.

Los manzanos son beneficiosos para la vida silvestre. Sus flores alimentan a polinizadores en primavera, en particular las abejas albañil. Varios invertebrados usan su corteza y hojas, mientras que la fruta caída es comida para aves, mariposas y pequeños mamíferos.

CUIDADOS

Elige el portainjerto adecuado para tu propósito. A espaldera suelen crecer portainjertos MM106, mientras que los estándares se cultivan normalmente con M25.

Los manzanos precisan poda regular, en especial si crecen a espaldera. Poda los estándares durante el invierno, eliminando las ramas cruzadas y muertas y creando una forma de cuenco abierto (pp. 160-161). Poda las espalderas tanto en verano como en invierno, cortando las ramificaciones laterales para mantener la forma (p. 161).

Altura/dimensiones Hasta 8 × 8 m (26 × 26 ft) a los 20 años, depende del patrón

Esperanza de vida 50-100 años

Suelo Arcilla, marga, arena; neutro; húmedo, pero bien drenado

Origen Asia Central

Resistencia H6

FICHAS DE ÁRBOLES

CARACTERÍSTICAS

Hojas Verde oscuro, ovaladas y aserradas, longitud variable de hasta 7 cm (3 in)

Ramillas Rojas/marrones con brotes cortos y yemas foliares aterciopeladas

Flores Inflorescencias de hasta 6 flores, cada una con 5 pétalos, que aparecen en primavera al mismo tiempo que se despliegan las hojas

Fruto Manzana comestible con 5 cápsulas donde se encuentran las semillas o pepitas

Corteza Roja/gris con motas blancas (lenticelas), y al madurar gris/pardo y escamosa

Hoja

Fruto

Flor

Árboles frutales

CARACTERÍSTICAS

Hojas Verde oscuro, ovaladas y puntiagudas, con tallo largo; amarillas en otoño

Ramillas Espinosas, grises

Flores Blancas, con 5 pétalos, en glomérulos

Fruto Peras comestibles de hasta 12 cm (5 in)

Corteza Gris pardo

FICHAS DE ÁRBOLES

PERAL

Pyrus communis

Cultivados en Europa durante miles de años, se presentan en una amplia gama de colores, formas y tamaños que maduran en diferentes momentos. Con su flor de primavera y su fruta de otoño, proporcionan una larga temporada de interés y son atractivos para la fauna. Los hay para fines ornamentales, excelentes para el jardín.

Como los manzanos, los perales se cultivan en diferentes portainjertos para controlar la forma y el tamaño (pp. 150-151). Los perales se cultivan en pies de membrillo; los membrillos A o C son los más apropiados para un jardín. También pueden formarse a espaldera contra una cerca o una pared (p. 151). Hay gran variedad para elegir, con frutas de color verde a rojo oscuro. Los perales crecen mejor con un «compañero de polinización», de una variedad diferente que florezca al mismo tiempo. Si te caben, cultiva dos, o consulta con los vecinos si hay alguno cerca.

También son valiosísimos para la vida silvestre. Las abejas y otros insectos usan la flor, mientras que las aves, los pequeños mamíferos y algunos insectos se comen la fruta. Las polillas usan las hojas, y otros insectos se refugian en la corteza de los árboles maduros.

El peral de hoja de sauce (*Pyrus salicifolia* Pendula) es un pequeño peral ornamental con follaje plateado y flores de color blanco crema, y produce frutos verdes no comestibles. Es ideal para jardines pequeños y resiste bien la contaminación.

CUIDADOS

Pódalos en invierno. Primero, elimina las ramas cruzadas y muertas, y moldea un hábito abierto para los estándares (pp. 160-161). Pódalos en abanico en verano e invierno (p. 161). Los perales son propensos a la roya parda, visible como manchas anaranjadas en las hojas en verano, y cancros en los tallos. El hongo depende de los enebros para completar su ciclo de vida. Quitar las hojas puede hacer más daño que bien, pero podar los cancros en invierno puede ayudar a controlar el problema.

Altura/dimensiones 12 × 8 m (39 × 26 ft) a los 20 años con raíces propias; 4 × 2 m (13 × 6½ ft) con injerto de membrillo

Esperanza de vida 50-150 años

Suelo Arcilla, marga, arena; ácido, alcalino o neutro; húmedo, pero bien drenado

Origen Regiones templadas de Europa, África del Norte y Asia

Resistencia H6

CEREZO

Prunus spp.

Este amplio género abarca cerezos cultivados por su fruto y ornamentales cultivados por su flor (pp. 38-39). Florecen en primavera, fructifican en otoño y exhiben un glorioso color otoñal. También son excelentes para la fauna: las flores proporcionan alimento para las abejas, las aves se comen la fruta (lo siento, ¡pero es bueno compartirla!) y varias especies de invertebrados mordisquean las hojas.

Muchos cultivares se han obtenido a partir del originario británico (*Prunus avium*) y del cerezo aliso (*P. padus*). Todos se desarrollan en portainjertos que los hacen más pequeños y manejables. Algunos pueden podarse en abanico, contra una pared o cerca para ahorrar espacio. La mayoría de frutos son dulces, pero el guindo (*P. cerasus*) produce cerezas amargas en tallos más largos. Estas son excelentes en recetas como la del pastel de cerezas.

Existe una gran variedad de cerezos de flor, ideales como árboles de jardín. Muchos derivan de especies japonesas y pueden ser altos, enanos, columnares o de hábito llorón. El *P.* Amanogawa es particularmente pequeño, con flores que van del blanco al rosa oscuro. El cerezo de flor *P.* × *subhirtella* Autumnalis florece en otoño. Muchos presentan una corteza llamativa, lo que los hace más valiosos en invierno. Ten en cuenta que, si bien los cerezos son hermosos, solo las especies de flor simple proporcionan alimento para los polinizadores. Las cerezas de los ornamentales no se han cultivado por su sabor y son desagradables al paladar.

CUIDADOS

Los cerezos ornamentales no necesitan poda, si no es para eliminar las ramas cruzadas o muertas (pp. 158-159). Poda los de fruta comestible en verano para evitar el estéreo purpúreo de los frutales (p. 167), dando al árbol un hábito abierto. Los árboles más viejos necesitan poca poda: las cerezas fructifican en la madera que tiene al menos 1 año de edad, mientras que las amargas son fruto de la madera del año anterior, por lo que la poda impedirá la formación de fruto durante al menos 1 año. Los cerezos son propensos al cáncer bacteriano (p. 166): ramas deshojadas o con hojas pequeñas, corteza hundida y parches hinchados o agrietados.

Altura/dimensiones Hasta 30 m (100 ft) a los 20 años, pero varía en función del cultivar y patrón

Esperanza de vida 60 años

Suelo Arcilla, marga, creta, arena; ácido, alcalino o neutro; húmedo, pero bien drenado

Origen Europa, Asia y partes de África del norte

Resistencia H6

CARACTERÍSTICAS

Hojas Verde claro, ovaladas, puntiagudas y dentadas; amarillas, naranjas y rojas en otoño

Ramillas Variables, sacan racimos de yemas ovaladas

Flores Rosas o blancas, de 5 pétalos y forma de cáliz, en glomérulos; algunos cultivares producen más pétalos

Fruto Cerezas redondas, rojas, con una única semilla o hueso en el interior

Corteza Variable, brillante en algunas especies (como el cerezo aliso)

Prunus avium

Hoja

Fruto

Flor

Árboles frutales

CARACTERÍSTICAS

Hojas De 16 cm (6¼ in) de largo y 3 cm (1¼ in) de ancho, lanceoladas (más anchas del medio); doradas/rojas en otoño

Ramillas Las ramas nuevas son de color verde rojizo que se vuelve gris pardo; las yemas foliares son romas

Flores Rosas, de 5 pétalos, 2-3 cm (¾-1¼ in) de diámetro, salen de tallos desnudos

Fruto Carne que envuelve una semilla dura (drupa). Los frutos aterciopelados son los melocotones, y los de piel lisa, las nectarinas

Corteza Gris oscuro, lisa cuando el árbol es joven, y luego se desprende en láminas

Fruto

Ramilla

Flor

72 · FICHAS DE ÁRBOLES

MELOCOTONERO

Prunus persica

Los melocotoneros aportan valor ornamental desde la primavera hasta el otoño, así como deliciosas frutas, y son perfectos para pequeños jardines. No crecen más de 4 m (13 ft) de altura y su esperanza de vida es de hasta 20 años, por lo que son una buena opción si deseas plantar algo a corto plazo: sin riesgo de lamentar las decisiones de siembra 50 años después.

A pesar de ser resistentes, florecen a principios de año, lo que expone a las flores (y los frutos resultantes) al riesgo de daños por heladas. Si deseas una fuente fiable de melocotones (o nectarinas), cultívalos en un lugar protegido. En climas templados, la mayoría se podan en abanico (p. 151), contra una pared orientada al sur, que retiene el calor del día y evita que las heladas nocturnas destruyan las flores. También son una buena opción para cultivar en macetas. La palabra *persica* del nombre de la especie se refiere a Persia (Irán), donde los melocotones se cultivan desde hace miles de años, aunque son originarios de la China.

La flor del melocotonero es valiosa para los polinizadores pero, como aparece tan temprano, solo unas pocas especies llegan a verla. Para asegurar la fertilización, es mejor polinizar a mano los árboles, pasando suavemente un pequeño pincel sobre cada flor. Los nectarinos están emparentados con los melocotoneros y comparten los mismos requisitos de crecimiento y valores nutricionales, pero los frutos carecen de la piel vellosa. Se dice que los melocotones son más adecuados para cocinar ya que el proceso de cocción los ablanda, mientras que las nectarinas permanecen firmes.

CUIDADOS

Protege las flores de las heladas con 2-3 capas de mantas agrícolas. Destapa los árboles durante el día. Los melocotoneros son propensos a la lepra o abolladura, que distorsiona las hojas y hace que caigan prematuramente, lo que resulta en una pérdida de vigor. Como las esporas del hongo infeccioso se propagan por salpicaduras de lluvia, disponer una protección para la lluvia con láminas de plástico puede detener la propagación de la enfermedad. O bien, cultiva el melocotonero en un invernadero u otro entorno protegido, o elige una variedad que muestre cierta resistencia a este hongo.

Altura/dimensiones 4 × 4 m (13 × 13 ft) a los 20 años

Esperanza de vida 20 años

Suelo Creta, marga, arena; ácido, alcalino o neutro; húmedo, pero bien drenado

Origen China

Resistencia H4

HIGUERA

Ficus carica

Provenientes del Mediterráneo, las higueras prosperan en climas cálidos, aunque se pueden cultivar en climas más fríos con un poco de ayuda. Crecen mejor en un lugar protegido, contra una pared, lejos del viento, y necesitan un suelo bien drenado. Además de proporcionar frutos, son muy ornamentales, con una hermosa corteza gris y grandes hojas de 3-5 lóbulos de color verde pálido.

Las higueras pueden podarse en abanico para crecer planas contra una pared soleada, y viven bien en macetas; de hecho, parecen producir más fruta cuando sus raíces están algo constreñidas. Si las cultivas en tierra, constriñe su espacio de crecimiento con un panel vertical enterrado, como hierro corrugado o losas, alrededor del cepellón.

Si bien la mayoría de las higueras son resistentes, algunas se han desarrollado especialmente para climas templados, como los cultivares Brown Turkey y Brunswick. Las higueras pueden ser dioicas, con flores masculinas y femeninas, que se ubican dentro de la fruta. Sin embargo, los cultivares de higuera disponibles no necesitan polinización para fructificar. Los higos maduros son una delicia para mirlos e insectos.

Algunas variedades de higuera dependen de una pequeña avispa para polinizar las flores, que están dentro de la fruta. La hembra se introduce en la fruta y pone sus huevos, y luego su descendencia crece dentro de la flor, se aparea y sale. Las avispas pueden quedar atrapadas y morir, y la higuera carnívora libera enzimas para descomponer los cuerpos de las avispas y alimentarse de ellas.

CUIDADOS

Trasplanta las higueras en macetas cada 2 años a una maceta un poco más grande, no demasiado, ya que el árbol se desarrolla mejor con una raíz más pequeña. Protégela de las heladas con mantas agrícolas: los árboles más pequeños se pueden envolver en una bolsa con cordón hecha de material hortícola. Los árboles grandes o en abanico se cubren con un par de capas. Después de la cosecha de otoño, quedarán dos tipos de higos: frutas diminutas «embrionarias» e higos más grandes inmaduros. Retira los grandes, ya que no madurarán y robarán energía a los más pequeños, que sí madurarán el año siguiente.

Altura/dimensiones 4 × 4 m (13 × 13 ft) a los 20 años

Esperanza de vida 200 años

Suelo Creta, marga, arena; alcalino o neutro; húmedo, pero bien drenado

Origen Sur de Europa, Asia

Resistencia H4

CARACTERÍSTICAS

Hojas Grandes, coriáceas y de color verde vivo, con 3-5 lóbulos; amarillas en otoño

Ramillas Verde oliva, con yemas foliares puntiagudas

Flores Pequeñas e inconspicuas

Fruto Técnicamente es un tallo bulboso que contiene semillas en el interior

Corteza Gris pardo, lisa

Árboles frutales

CÍTRICOS

Citrus spp.

Naranjas y limones, junto con limas y kumquats, forman parte del género *Citrus*, altamente ornamental.

Los cítricos resultan bellas plantas de jardín en áreas más cálidas, y con el cambio climático pueden prosperar al aire libre todo el año. Sin embargo, en climas templados es mejor cultivarlos en macetas para trasladarlos al interior en invierno. Las flores fragantes aparecen todo el año, pero son más frecuentes a fines del invierno. La fruta tarda 1 año en madurar, por lo que flores y fruta a menudo son visibles al mismo tiempo. Las naranjas toleran una temperatura mínima nocturna de 10 °C (50 °F) en invierno. Los kumquats toleran hasta 7 °C (45 °F). Los más fáciles, y resistentes, son los limones y las naranjas sevillanas. Las limas necesitan temperaturas algo más cálidas.

CARACTERÍSTICAS

Hojas Lustrosas, ovaladas, verde claro

Ramillas Verdes y luego pardas

Flores Extremadamente fragrantes, de 5 pétalos, blancas

Fruto Los frutos cítricos son bayas comestibles, conocidas como hesperidios; varían de forma, color y tamaño pero todas presentan una cáscara pelable, conocida como pericarpo

Corteza Marrón oscuro

CUIDADOS

Los cítricos son voraces, por lo que necesitan abono regular específico. Pueden ser propensos a plagas, como la cochinilla algodonosa y la arañuela roja, especialmente si se cultivan en invernadero.

Hoja

Ramilla

Flor

Citrus × limon

Altura/dimensiones Variable, hasta 20 m (66 ft) a los 20 años, pero a menudo, menos; unos 1,5 m (5 ft) en maceta

Esperanza de vida 50 años

Suelo Creta, marga, arena; alcalino o neutro; húmedo, pero bien drenado

Origen Asia y Australia

Resistencia H2

MORERA NEGRA

Morus nigra

De crecimiento lento, la morera negra puede tardar 7 años en comenzar a producir fruto, pero luego proporcionará abundantes frutas deliciosas durante muchos años.

Las frutas se pueden usar en muchas recetas, incluidas las tartas. Son ideales para mermelada, pero incluso mejores frescas con nata y azúcar. Las moras son excelentes para la fauna silvestre, lo que significa que tendrás que compartir la fruta con los mirlos.

Las moras se utilizan en la medicina tradicional china, donde se conocen como *sang shen*. Son una buena fuente de hierro y vitamina C. Los compuestos vegetales de las moras se han relacionado con la reducción del colesterol y el azúcar en la sangre, y la reducción del riesgo de cáncer.

CARACTERÍSTICAS

Hojas Acorazonadas, con envés velloso y un poco aserradas; amarillas en otoño
Ramillas Delgadas y flexibles con yemas foliares rojizas y pardas, redondeadas
Flores Insignificantes y verdes
Fruto Parecido a las moras, de sabor ácido
Corteza Gris pardo, rugosa y estriada

CUIDADOS

Estaca la morera negra al plantarla (pp. 148-149). Poda durante el invierno para evitar el sangrado de savia de los cortes, eliminando los brotes cruzados, abarrotados o dañados (pp. 158-159).

Hoja

Flor

Fruto

Altura/dimensiones 12 × 8 m (39 × 26 ft) a los 20 años

Esperanza de vida 100 años

Suelo Creta, marga, arena; ácido, alcalino o neutro; húmedo, pero perfectamente drenado

Origen Asia y Australia

Resistencia H2

Árboles frutales

ÁRBOLES
DE BAYAS

Como cabe esperar, los árboles de bayas son aquellos que producen bayas. Si bien la mayoría no son comestibles para los humanos, son valiosas para la vida silvestre, en particular las aves. Algunas bayas contienen niveles altos de antioxidantes, que ayudan a reducir el estrés físico de la migración invernal. Plantar un árbol de bayas en el jardín proporcionará una fuente anual de alimentos ricos en antioxidantes a la fauna, ¡y mucho color e interés para ti! Mientras que algunos árboles de bayas, como el acebo, producen flores discretas, otros, como el saúco, nos regalan hermosas flores, lo que alarga la temporada de interés. Muchos son adecuados como setos.

SAÚCO

Sambucus nigra

Planta versátil con alto valor para la fauna, que se puede cultivar como árbol, arbusto o seto.

Si no se poda, el saúco se convierte en un árbol alto. En los jardines, se puede cortar para mantenerlo pequeño, lo que resulta en hojas más grandes y ornamentales (pero sacrificando flores y frutas). Sus hojas son alimento de orugas de muchas especies, sus flores son apreciadas por los polinizadores y sus bayas las comen las aves. Los insectos hibernan en las grietas de su corteza madura. Las flores se pueden usar para hacer licor de saúco, y las bayas, que contienen vitamina C, para mermeladas, salsas y recetas veraniegas. El *Sambucus nigra* f. *porphyrophylla* Eva (o Encaje Negro) presenta hojas finamente recortadas, casi negras, flores rosadas, bayas rojo oscuro y hojas otoñales rojas.

Hoja

Bayas

Flor

Altura/dimensiones 8 × 4 m (26 × 13 ft) a los 20 años

Esperanza de vida 60 años

Suelo Creta, arcilla, marga, arena; ácido, alcalino o neutro; húmedo, pero bien drenado

Origen Europa, África del Norte, Sudeste Asiático

Resistencia H6

CARACTERÍSTICAS

Hojas Verde claro, pinnadas, con 5-7 folíolos; rojas en otoño en algunas especies

Ramillas Verdes, de olor desagradable

Flores Umbelas planas de flósculos color crema, muy perfumados

Fruto/semilla Bayas moradas-negras en racimos

Corteza Corchosa, con grietas profundas

CUIDADOS

Precisa pocas atenciones. Para mantener el saúco como arbusto con hojas más grandes, pódalo anualmente, cuando esté inactivo, a unos 50 cm (20 in) del suelo; nunca más allá del punto donde el arbusto comienza a ramificarse.

CARACTERÍSTICAS

Hojas Lustrosas, verde oscuro y ovaladas; espinosas de jóvenes

Ramillas Grises y vellosas con yemas foliares romas

Flores Inconspicuas, blancas, con 4 pétalos

Fruto/semilla Pequeñas bayas rojas

Corteza Lisa con «verrugas» o marcas

Hoja

Ramilla y bayas

Flor

80 FICHAS DE ÁRBOLES

ACEBO

Ilex aquifolium

El acebo cuenta con muchas subespecies. Es un arbusto o arbolito de hoja perenne versátil: arbusto, seto o árbol estándar con forma de piruleta. Utilizado durante mucho tiempo para decorar casas en invierno, el acebo se asocia con la fertilidad. En el folclore tradicional, se considera que trae mala suerte cortar un acebo.

El acebo posee gran valor para la fauna. Su hábito denso y espinoso lo convierte en un refugio para las aves de jardín, sus flores reciben las visitas de las abejas y otros polinizadores, y sus bayas son alimento de aves y pequeños mamíferos. Las orugas de varias especies de mariposas y polillas, en particular la náyade, se alimentan del acebo. Las hojas caídas que se acumulan debajo de un seto de acebo las aprovechan los erizos y otros animales en invierno. Las flores masculinas y femeninas aparecen en diferentes plantas. Al comprar acebo, cerciórate de que se trate de una planta femenina, ya que solo estas producen bayas. Hace falta la presencia de un acebo masculino cercano para la polinización.

Además del acebo estándar, existen muchos cultivares, algunos con bayas de diferentes colores o follaje abigarrado. Algunos de los más atractivos son el *Ilex* × *altaclerensis* Golden King, de hojas de color verde grisáceo ribeteadas de amarillo dorado y bayas de color rojo brillante, y el *I. aquifolium* Bacciflava, de bayas amarillas.

CUIDADOS

El acebo necesita pocos cuidados después de plantarlo, pero mantenlo bien regado durante los primeros 2 años para ayudarlo a establecerse. La poda es solo una cuestión de recortarlo a finales del invierno o principios de la primavera: recorta los setos o arbustos para mantener la forma deseada. Retira las ramas inferiores de los árboles estándar para conservar el tronco despejado.

Altura/dimensiones 12 × 8 m (39 × 26 ft) a los 20 años

Esperanza de vida 7 años (los hay de 300)

Suelo Creta, arcilla, marga, arena; ácido, alcalino o neutro; húmedo, pero bien drenado

Origen Europa Occidental y del sur, noroeste de África, suroeste de Asia

Resistencia H6

SERBAL SILVESTRE

Sorbus aucuparia

Árbol espectacular, el serbal silvestre, o serbal de cazadores, se asocia típicamente con grandes altitudes. Sus hojas se asemejan a las del fresno, pero ahí es donde terminan las similitudes. Es un buen árbol de jardín, compacto, excelente para la fauna y que proporciona una larga temporada de interés. El serbal silvestre puede hacer frente a la contaminación, por lo que es adecuado para zonas urbanas.

Desde finales de primavera, está cubierto de flores, mientras que en otoño presenta bonitas bayas rojas, aunque no duren mucho porque les encantan a las aves. Las vívidas hojas otoñales agregan una explosión final de color antes de su caída. Tradicionalmente cultivados para protegerse contra las brujas, ahora son un árbol popular para fomentar la fauna silvestre.

Hay muchas especies de *Sorbus* en el hemisferio norte, incluyendo algunos serbales estrechamente relacionados, además de mostajos y sorbos. Muchos han sido hibridados dando como resultado cultivares maravillosos. Se cree que el *S.* Joseph Rock es un híbrido natural: un botánico y explorador llamado Joseph Rock envió frutas y semillas de China a Edimburgo a principios del siglo xx, y un hermoso *Sorbus* de bayas amarillas creció a partir de una, aunque su herencia se desconoce. Además de hermosas bayas amarillas, este cultivar también tiene un increíble color foliar otoñal. Todos los serbales de Joseph Rock se injertan en otros serbales silvestres (p. 150), ya que no se desarrollan a partir de semillas.

CUIDADOS

Los serbales silvestres son árboles por lo general sanos y necesitan pocos cuidados. Retira los tallos muertos y cruzados cuando sea necesario (pp. 158-159), y riega en condiciones muy secas. Los cultivares injertados producirán retoños, que son nuevos tallos que crecen a partir del portainjerto. Quítalos cuando sean jóvenes, bien frotándolos a mano cuando sean brotes, o recortándolos hasta el suelo o muñón si son mayores.

Altura/dimensiones 12 × 8 m (39 × 26 ft) a los 20 años

Esperanza de vida 100 años

Suelo Marga, arena; ácido, neutro; húmedo, pero bien drenado

Origen Europa, Asia

Resistencia H6

CARACTERÍSTICAS

Hojas Pinnadas, con hasta 8 pares de folículos, más un folículo «terminal» en la punta, todos alargados, ovalados y dentados; amarillas en otoño

Ramillas Pilosas, menos con la edad; las yemas foliares son grandes y moradas, parecidas a mitones

Flores De 5 pétalos, color crema, en densos glomérulos

Fruto/semilla Densos racimos de bayas de color rojo vivo

Corteza Lisa y gris plata

Hoja

Ramilla

Flor

Árboles de bayas

83

ESPINO ALBAR

Crataegus monogyna

Compacto y cautivador, es un imán para la fauna: sus hojas son alimento para las orugas de muchas especies de polillas, abejas y moscas polinizadoras que visitan las flores, las aves se comen las bayas y su corteza nudosa y madura ofrece grietas para que los insectos hibernen. Los árboles maduros proporcionan lugares de anidación a las aves, mientras que un seto de espino albar también ofrece espacios de anidación para pequeños mamíferos.

Existen numerosas especies de espino albar en distintas regiones del hemisferio norte. Se han criado varios cultivares y se encuentran especímenes de doble flor que producen una exhibición primaveral aún más impresionante. El *Crataegus persimilis* Prunifolia es mucho más compacto que el *C. monogyna*, y su color otoñal resulta más espectacular. En las islas británicas, además del citado *C. monogyna*, también se encuentra el *C. laevigata,* árbol que florece antes y que produce unas hojas ligeramente más sueltas.

El espino albar se ha asociado durante mucho tiempo con el mes de mayo. Sus flores emanan un olor inusual: en la Edad Media se decía que olían a peste, y se consideraba que traía mala suerte llevar flores de espino albar a una casa. Investigaciones recientes han descubierto que las flores de espino albar contienen trimetilamina, una sustancia química que también se encuentra en cuerpos recién fallecidos. Las flores, por lo tanto, realmente huelen a muerto, presumiblemente para atraer insectos polinizadores, como las moscas, para fertilizar la flor.

CUIDADOS

El espino albar necesita muy pocos cuidados. Riégalo bien los primeros 2 años después de plantarlo y recorta arbustos y setos para darles forma en otoño. Retira las ramas cruzadas y muertas (pp. 158-159), y corta las ramas inferiores de vez en cuando, cuando el árbol esté inactivo, para mantener limpio el tronco.

Altura/dimensiones 8 × 8 m (26 × 26 ft) a los 20 años

Esperanza de vida 150 años

Suelo Creta, arcilla, marga, arena; ácido, alcalino o neutro; húmedo, pero bien drenado

Origen Europa, África del Norte, Sudeste Asiático

Resistencia H7

CARACTERÍSTICAS

Hojas Pequeñas, verde claro, muy lobuladas; amarillas en otoño

Ramillas Delgadas, marrones y espinosas

Flores Muy fragantes, de 5 pétalos, blancas y en glomérulos

Fruto/semilla Bayas rojas, llamadas majuelas

Corteza Gris pardo, con fisuras al madurar

Hoja

Bayas

Ramilla

Flor

Árboles de bayas

ÁRBOLES
DE FLOR

Todos los árboles florecen, pero las flores de algunos son más grandes y mejores que otras, lo que las convierte en una opción perfecta para el jardín. A continuación, presento una selección con flores particularmente hermosas, a menudo sin bayas o frutas posteriores, pero si buscas flores y frutas, también encontrarás árboles con flores en la sección Árboles frutales (pp. 64-77). Al comprar árboles con flores, vale la pena asegurarse de que sean adecuados para los polinizadores. Lamentablemente, no todos lo son: las flores pueden ser «dobles» (con pétalos adicionales que dificultan el acceso al polen y el néctar) o, si son de otro país, podrían no ofrecer la forma correcta para las bocas de polinizadores nativos. A menos que se indique lo contrario, todos los árboles enumerados en esta sección son valiosos para los polinizadores.

ÁRBOL DE JÚPITER

Lagerstroemia indica

Florece desde finales del verano hasta el otoño, con flores como de papel crepé, de colores que van desde el rosa y el rojo hasta el blanco.

Se puede cultivar como arbolito o arbusto, y alcanza 8 m (26 ft), la mitad en climas más fríos. A los insectos les encantan sus flores. Presente en ciudades de Norteamérica y el sur de Europa, y rara vez en climas más fríos, ya que solo resiste a −5 °C (23 °F) y su floración no es fiable. Dicho esto, con el cambio climático y un muro orientado al sur, puede ser viable cultivarlo, ya que es todo un espectáculo. Según el tamaño, puede plantarse en maceta y trasladarse al interior en invierno.

CARACTERÍSTICAS

Hojas Largas, verde oscuro, con tonos broncíneos de jóvenes; rojas, doradas, naranja, en otoño

Ramillas Rectas, rojo pardo, con yemas foliares pequeñas

Flores Panículas cónicas encrespadas, en variedad de colores

Fruto Racimos de cápsulas de semillas que duran todo el invierno

Corteza Gris pardo, que se exfolia

CUIDADOS

El árbol de Júpiter florece con el crecimiento de la temporada, por lo que la poda anual en invierno promueve una mejor exhibición. Simplemente, reduce el crecimiento de la temporada actual a la mitad y retira los retoños de la base de los árboles estándar (déjalos para los que crecen como arbustos).

Altura/dimensiones 8 × 8 m (26 × 26 ft) a los 20 años

Esperanza de vida 50 años

Suelo Creta, marga, arena; ácido, alcalino o neutro; bien drenado

Origen China, Corea

Resistencia H3

Hoja

Cápsula de semillas

Árboles de flor

MAGNOLIA

Magnolia spp.

Icónicos árboles o arbustos que florecen en primavera, las magnolias producen flores en forma de tulipán o estrella rosa o blanco, con una intensa fragancia. Pueden ser caducifolios o de hoja perenne, y las diferentes especies varían en tamaño desde 2 m (6½ ft) hasta 15 m (49 ft) de altura. Las flores de magnolias caducifolias aparecen antes que las hojas, por lo que su exhibición primaveral resulta espectacular.

Hay una magnolia para cada jardín, y vale la pena dedicar tiempo a elegirla, ya que son de crecimiento muy lento. La mayoría requiere un suelo ácido a neutro, pero algunas toleran suelos más alcalinos, especialmente enriquecidos con un recebo anual de compost o estiércol: *Magnolia grandiflora, M. delavayi, M. kobus, M. × loebneri, M. stellata* y *M. wilsonii*. Algunas variedades más pequeñas, como por ejemplo la *M. stellata* Royal Star, la *M. denudata* Sunrise y la *M. George Henry Kern*, se pueden cultivar en macetas; siempre en un lugar protegido para que las heladas no estropeen las flores.

La *M. stellata* Jane Platt es uno de las mejores para un jardín pequeño, y crece a una altura de solo 3 m (10 ft). La *M. grandiflora* es de hoja perenne, y ofrece interés durante todo el año, pero crece mucho más, por lo que es mejor para un espacio grande.

Las magnolias existen desde hace milenios, mucho antes que las abejas, de modo que sus flores son polinizadas por una variedad de escarabajos que las visitan habitualmente, así que, aunque las abejas se sienten atraídas claramente por el polen que ofrecen las flores de estos árboles, no intervienen en su fertilización.

CUIDADOS

Crecen mejor en un suelo rico, así que abona tu árbol anualmente en primavera con estiércol o compost. Necesitan poca poda, pero si deseas darles forma o eliminar material muerto o dañado (pp. 159-160), hay que podar las variedades caducifolias de verano a otoño y las de hoja perenne en verano.

Altura/dimensiones De 2 × 3 m (6½ × 10 ft) a 15 × 10 m (49 × 33 ft) a los 20 años

Esperanza de vida 100 años

Suelo Arcilla, marga, arena; ácido, neutro; húmedo, pero bien drenado

Origen Asia, Américas e Indias Occidentales

Resistencia H6

CARACTERÍSTICAS

Hojas Variables, a menudo de verde dorado, grandes y ovaladas; de amarillo dorado en otoño en las variedades caducifolias

Ramillas Marrones, flexibles, de yemas gruesas

Flores Caliciformes o estrelladas

Fruto/semilla Racimos de frutos carnosos

Corteza Marrón y lisa

Hoja

Ramilla

Flor

Árboles de flor

CARACTERÍSTICAS

Hojas Ovaladas, verdes, con nervadura prominente; algunas especies presentan hojas otoñales naranjas, rojas o moradas

Ramillas Finas, con yemas opuestas; de colores vivos en algunas especies

Flores Variables; desde racimos de florecillas discretas a grandes brácteas de aspecto floral

Fruto/semilla Bayas oscuras pequeñas, alargadas o redondeadas

Corteza Lisa y gris, moteada y abultada o que se exfolia con la edad; o rojiza y moteada con la edad

Hoja

Ramilla

Flor

Cornus florida

90   FICHAS DE ÁRBOLES

CORNEJO

Cornus spp.

El género *Cornus* es un grupo variado de hasta 60 especies, y esta diversidad significa que hay una para tu jardín. Los cornejos de flor, como el *C. florida* y el *C. kousa*, son arbustos o arbolitos ornamentales, cultivados por sus coloridas brácteas de finales de primavera. Los cornejos arbustivos, incluido el originario británico *C. sanguinea*, se cultivan por sus coloridos tallos de invierno.

Los cornejos de flor se cultivan especialmente por su valor ornamental, como el hermoso *C. kousa* Miss Satomi, de flores rosadas, con masas florales en pleno verano, y el *C. florida*, de enormes brácteas blancas parecidas a pétalos antes de desplegar las hojas, y un espléndido color otoñal.

¿Quieres cultivar un árbol para la fauna silvestre? Elige el *C. sanguinea* y déjalo crecer como seto o arbolito. Si deseas podarlo para producir un colorido de invierno (véanse las notas de los Cuidados, a continuación), eso será a expensas del hábitat arbustivo, que muchas especies silvestres necesitan para refugiarse.

El *C. mas* es fantástico para jardines pequeños, ya que mantiene el interés durante una larga temporada. Desde finales del invierno, sus ramas desnudas están cubiertas de racimos de florecillas de color amarillo, seguidas por frutos parecidos a las cerezas (comestibles para las personas, pero también apreciados por las aves). Sus hojas verdes adquieren tonalidades de amarillo, rojo y púrpura en otoño.

CUIDADOS

Los cornejos arbustivos (incluido el *C. sanguinea*) crecen mejor en suelos húmedos. Para tallos coloridos de invierno, córtalos a ras de suelo a principios de primavera, y el nuevo crecimiento estimulado por la poda será vigoroso el invierno siguiente. Los cornejos de flor gustan de suelos fértiles, de neutros a ácidos, y necesitan muy poca poda. Acólchalos anualmente, en primavera u otoño.

Altura/dimensiones Variada, 3-8 m (10-26 ft), pero la mayoría se podan para mantener el crecimiento a raya

Esperanza de vida 70 años (árboles de flor); 80-100 años (ejemplares arbustivos)

Suelo Creta, arcilla, marga, arena; ácido, alcalino o neutro; húmedo, pero bien drenado

Origen Norteamérica, Europa, China y Japón

Resistencia H4-H6

LILA

Syringa vulgaris

Popular en jardines, la lila se puede cultivar como arbusto o arbolito de múltiples tallos. Produce flores extremadamente fragantes, estrelladas, que destacan sobre bonitas hojas de un verde vivo. Se cree que el color lila se bautizó por el tono púrpura de las flores de este árbol, aunque las de algunas variedades, además del lila, presentan una gama de colores que va del rosa, al púrpura, amarillo y blanco.

Las lilas son particularmente buenas para jardines pequeños, ya que sus flores desprenden una fragancia encantadora y son compactas, por lo que nunca se desparramarán. Se pueden cultivar como arbustos de tallos múltiples, o eliminar algunas ramas inferiores para darle más forma de árbol estándar.

Una de las mejores lilas de jardín es la *Syringa vulgaris* Sensation, de masas de flores púrpuras con un margen crema e intensa fragancia que perfuma el aire. La *S. vulgaris* Andenken an Ludwig Späth es de flores de color rosa-púrpura. La «lila francesa» es un cultivar de doble flor obtenido por el criador francés Victor Lemoine en el siglo XIX.

Las lilas se han naturalizado en Norteamérica y partes de Europa, pero son originarias de las montañas rocosas de los Balcanes.

CUIDADOS

Poda las plantas jóvenes para crear un marco abierto y eliminar las ramas muertas, cruzadas o demasiado largas (pp. 158-159). Se necesita muy poca poda en árboles establecidos, y ten cuidado si los podas, ya que florecen en la madera del año anterior, por lo que se corre el riesgo de perder algunas flores; el final de la primavera, tras la floración, es el mejor momento.

Altura/dimensiones 4 × 4 m (13 × 13 ft) a los 20 años

Esperanza de vida 50 años

Suelo Creta, arcilla, marga, arena; ácido, alcalino, neutro; húmedo, pero bien drenado

Origen Sudeste de Europa

Resistencia H6

CARACTERÍSTICAS

Hojas Acorazonadas, verde claro y lisas, con nervadura prominente; verdes en otoño

Ramillas Marrones con yemas foliares verdes que se vuelven moradas en invierno

Flores Moradas, estrelladas, en densas panículas de fuerte aroma

Fruto/semilla Cápsulas de semillas marrones

Corteza Gris pardo, lisa de joven y escamosa al madurar

Hoja

Ramilla

Cápsula de semillas

Árboles de flor

ÁRBOLES
DE HOJA PERENNE

Los perennifolios son especialmente útiles en jardines pequeños, ya que proporcionan interés invernal cuando otros árboles están inactivos y sin hojas. Pero no destacan solo en invierno: muchos presentan hermosas flores y frutas en otras épocas del año, mientras que otros proporcionan un telón de fondo verde para plantas más coloridas. Habrás dado con algunos árboles de hoja perenne en otras secciones, pero aquí te presento una buena selección de los más famosos por su belleza foliar perenne.

CIPRÉS

Cupressus sempervirens

Popular entre los diseñadores de jardines, el ciprés es una elegante conífera que crece alta y delgada.

En un jardín grande, cultiva una hilera como impresionante telón de fondo para el resto del jardín, que luego puedes equilibrar con formas más redondeadas. Marca una entrada o un límite con una fila, o plántala como elemento arquitectónico sofisticado. En un jardín pequeño, con solo 1-2 árboles se proporciona un aire perennifolio a un jardín de márgenes o grava. Elige un sitio soleado y protegido con suelo bien drenado. En el Mediterráneo, el porte de este árbol, con tendencia a doblarse a la menor brisa, es característico de paisajes y poblaciones.

Altura/dimensiones 12 × 4 m (39 × 13 ft) a los 20-50 años

Esperanza de vida 500 años

Suelo Creta, arcilla, marga, arena; ácido, alcalino o neutro; bien drenado

Origen Mediterráneo

Resistencia H5

Corteza

Cono

Hoja

CARACTERÍSTICAS

Hojas Densos ramilletes de follaje gris verdoso

Ramillas Color rojo pardo

Cones Pequeños, de 2-3 cm (¾-1¼ in) de diámetro

Corteza Roja parda con estrías verticales, gris con la edad

CUIDADOS

No requiere poda, pero cabe eliminar las ramas que crezcan en la dirección equivocada. Las manchas marrones pueden ser causadas por el pulgón del ciprés (*Cinara cupressivora*), en verano, o al cáncer del ciprés, causado por un hongo y que provoca la muerte de las ramas. La mayoría de las manchas sanarán de forma natural, mientras que las ramas muertas se pueden podar. Anima a las aves a entrar en tu jardín para mantener los áfidos a raya.

Árboles de hoja perenne

ALIGUSTRE

Ligustrum vulgare

Este arbusto semiperenne, ocasionalmente se convierte en un árbol de múltiples ramas que en verano produce flores espectaculares. Se suele usar en setos y márgenes de bosques, así como en pastizales de matorral. En los jardines es una buena planta de cobertura, aunque de hábito más salvaje que el aligustre de jardín, más empleado (*Ligustrum ovalifolium*).

Lamentablemente, el aligustre se recorta antes de que emerjan las flores, en especial cuando forma parte de un seto, pero si las dejas crecer, serás recompensado con la visita de las abejas, ya que son un imán para ellas. Estas flores son seguidas por bayas pequeñas y oscuras, venenosas para los humanos, pero populares entre diversas aves de jardín. Es el principal alimento de la esfinge del aligustre, así como de otras especies de polillas, y proporciona refugio para pequeñas aves y mamíferos. El aligustre crecerá casi en cualquier lugar y puede hacer frente a los vientos marinos, el pleno sol, la sombra parcial y el suelo ligero y seco, así como condiciones arenosas. Lo único que no le va bien es el suelo cenagoso.

CUIDADOS

Mantén bien regadas las plantas jóvenes y libres de malezas durante 2 años. Poda los setos anualmente (pp. 158-160), mejor en invierno, después de la producción de bayas, para que abejas y aves aprovechen al máximo flores y frutos. Así, tampoco molestarás a las aves que anidan. El crecimiento atrofiado y las hojas amarillas son signos de suelo pantanoso, y se debe mejorar el drenaje, tal vez cavando hoyos alrededor de la planta y rellenándolos con grava.

Altura/dimensiones 4 × 4 m (13 × 13 ft), pero suele recortarse en forma de seto

Esperanza de vida 50 años

Suelo Creta, arcilla, marga, arena; ácido, alcalino o neutro; húmedo, pero bien drenado

Origen Europa, incluidas las islas británicas

Resistencia H6

CARACTERÍSTICAS

Hojas Ovaladas, lustrosas y de color verde oscuro con nervio central

Ramillas Gris pardo con yemas alternas

Flor Panículas de color crema

Fruto/semilla Sayas pequeñas y oscuras, venenosas

Corteza Gris pardo y lisa

Flor

Fruto

Árboles de hoja perenne

97

CARACTERÍSTICAS

Hojas Oblongas, lustrosas y verdes, con nervio central más pálido

Ramillas Rojo pardo, lisas

Flores Urceoladas, blancas con tonos rosados

Fruto/semilla Redondo, parecido a la fresa del bosque

Corteza Marrón óxido y escamosa

Hoja

Fruto

Flor

FICHAS DE ÁRBOLES

MADROÑO

Arbutus unedo

El madroño produce delicadas flores en forma de urna y al mismo tiempo frutos parecidos a las fresas. Estas características lo convierten en un hermoso árbol de jardín. Sus hojas perennes, parecidas a las del laurel, hace que el valor ornamental del madroño se prolongue hasta el invierno.

El madroño es una preciosidad originaria del Mediterráneo, donde crece entre alcornoques y colinas escarpadas en los suelos más secos. También es originario de Irlanda, pero no del resto de las islas británicas. Resistente hasta −10 °C (14 °F), se puede cultivar en la mayoría de las regiones del Reino Unido.

Tolera bien la contaminación y la sal, y prospera tanto en las ciudades como en los jardines costeros. No crece demasiado, por lo que es una gran opción para un jardín pequeño. Sus flores urceoladas son muy apreciadas por las abejas, y su fruto encanta a las aves (también es comestible para los humanos).

La variedad Compacta crece a una altura y una extensión máximas de únicamente 2,5 m (8 ft), que la hace adecuada para su cultivo en maceta.

CUIDADOS

Las plantas jóvenes necesitan protección contra las heladas fuertes: cúbrelas con un par de capas de mantas agrícolas o ponlas a cubierto. Los vientos fríos pueden causar quemaduras en las hojas. Las manchas foliares fúngicas pueden afectar a los madroños. En general no es preocupante, pero puede causar caída de hojas y pérdida de vigor. Retira y quema las hojas infectadas. Evita la poda, a menos que sea para eliminar tallos dañados o cruzados. Acolcha en otoño.

Altura/dimensiones 8 × 8 m (26 × 26 ft) a los 20 años

Esperanza de vida 400 años

Suelo Marga, arena; ácido, alcalino o neutro; húmedo, pero bien drenado

Origen Mediterráneo, NE de Europa e Irlanda

Resistencia H5

ÁRBOLES
DE FRUTO
Y SEMILLAS

Las semillas y otros frutos son valiosos para la fauna, y muchos también son comestibles. Planta un árbol que los ofrezca y las especies silvestres visitarán tu jardín durante años. Las ardillas y las aves grandes, como los pájaros carpinteros, pueden venir en busca de bellotas y piñas, mientras que las aves más pequeñas, como los herrerillos, se colgarán de las ramas más delgadas para recoger las semillas de abedul y aliso. Ten en cuenta que cualquier semilla y fruto que caiga al suelo intentará germinar. ¡Las ardillas también enterrarán las semillas y se olvidarán de ellas, por lo que surgirán pimpollos gratis tanto para ti como para tus vecinos!

BONETERO

Euonymus europaeus

En otoño, las hojas de bonetero adquieren bellos tonos rojo anaranjados, antes de caer para revelar frutos rosados con semillas de color naranja brillante, que persisten en invierno.

Árbol pequeño, de unos 4 m (13 ft), rara vez alcanza los 9 m (30 ft). Indicado para atraer fauna silvestre: sus flores son polinizadas por insectos, y sus semillas, alimento para aves. Orugas de varias especies de polillas se comen las hojas, como la armiño, la quemada y la náyade. En primavera y verano los áfidos acuden a las hojas, su fuente de alimento natural. Cuidado con los niños y las mascotas: todas las partes del bonetero pueden causar molestias si se ingieren. Usa guantes y lávate las manos después de tocarlo.

CARACTERÍSTICAS

Hojas Ovaladas, verde claro; rojas y naranjas en otoño

Ramillas Verde oscuro de jóvenes, delgadas y rectas

Flores Pequeñas blancas/amarillas, en panículas

Fruto/semilla Cápsulas frutales rosas que se abren para dar paso a las semillas, de color naranja

Corteza Verde oscuro, se vuelve marrón y aparecen fisuras corchosas con la edad

CUIDADOS

El bonetero es un árbol poco problemático. No hace falta podarlo a menos que desees reducir su tamaño. Si lo podas, hazlo en primavera u otoño. Evita que esté encharcado.

Hoja

Ramilla

Semillas

Altura/dimensiones 9 × 4 m (30 × 13 ft) a los 10-20 años

Esperanza de vida 150 años

Suelo Creta, arcilla, marga, arena; ácido, alcalino o neutro; húmedo, pero bien drenado

Origen Europa, Asia

Resistencia H6

Árboles de fruto y semillas

CARACTERÍSTICAS

Hojas Redondeadas, verde claro y nunca puntiagudas; naranjas y amarillas en otoño

Ramillas Moteadas con la punta naranja/roja; pegajosas

Flores Amentos femeninos tipo piña y amentos masculinos en forma de borla

Fruto/semilla Alojados en amentos femeninos en forma de piña que el árbol conserva todo el invierno

Corteza Oscura, con fisuras

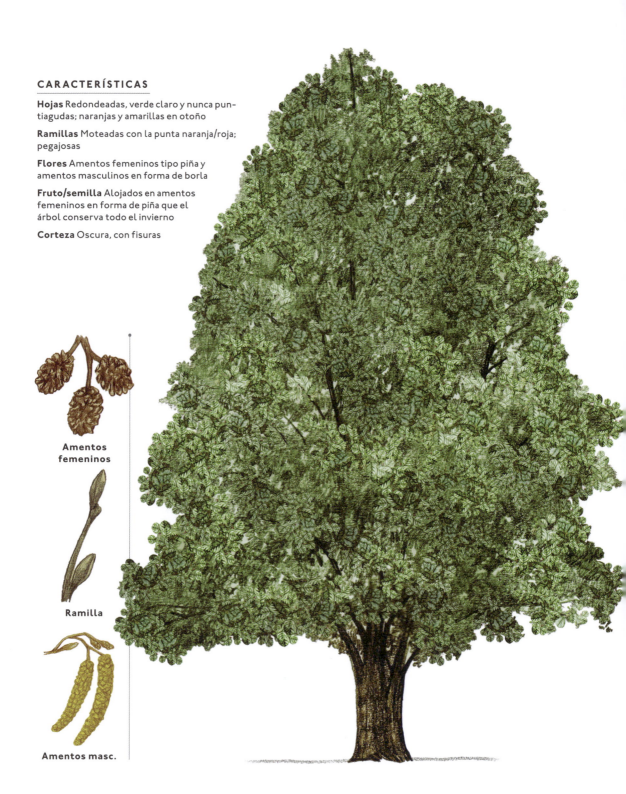

Amentos femeninos

Ramilla

Amentos masc.

FICHAS DE ÁRBOLES

ALISO

Alnus glutinosa

Fuertemente asociado con hábitats más húmedos, el aliso es un maravilloso árbol originario británico que a menudo se encuentra en bosques húmedos o ciénagas con otros árboles tolerantes a la humedad, como el abedul. Tiene forma cónica y hojas susurrantes, por lo que es una buena opción para un jardín grande. Es apto para cultivarlo como seto, e indicado en jardines anegados o cenagosos.

El aliso alimenta a varias orugas de polilla, incluido el llamado gatito del aliso. En primavera, los amentos machos ofrecen polen temprano a las abejas. Sin embargo, el árbol es polinizado por el viento y, una vez polinizados, los amentos femeninos se vuelven leñosos, como piñas. Se abren en otoño para liberar las semillas, con dos alas para flotar en el agua y dispersarse a un nuevo suelo. Las restantes las comen pardillos norteños, jilgueros y luganos (que extraen su principal fuente de alimento invernal hurgando con su pico largo y delgado).

Bajo tierra, el aliso mantiene una fuerte relación con la bacteria *Frankia alni*, que forma nódulos en sus raíces. Los nódulos absorben nitrógeno del aire, poniéndolo a disposición del árbol. A cambio, el aliso proporciona carbono a las bacterias. Esto permite que el árbol crezca en suelos pobres y mejora el suelo.

Cuando se corta, la madera de este árbol se vuelve de color naranja. Los alisos han sido mal vistos durante mucho tiempo, y en Irlanda se consideraba que traía mala suerte encontrarse uno.

CUIDADOS

El aliso precisa suelo húmedo para prosperar. La poda rara vez es necesaria, aunque puedes eliminar los tallos cruzados o muertos (pp. 158-159) desde finales de la primavera hasta el verano. Es un árbol propenso a la psila del aliso, insecto chupador de savia con ninfas cubiertas de hilos blancos y cerosos. Pueden llamar bastante la atención, pero rara vez causan daños al árbol.

Altura/dimensiones 25 × 8 m (82 × 26 ft) a los 15-20 años

Esperanza de vida 60 años

Suelo Creta, arcilla, marga, arena; ácido, alcalino o neutro; húmedo, pero bien drenado

Origen Europa, África del Norte, Sudeste Asiático

Resistencia H7

Árboles de fruto y semillas

AVELLANO

Corylus avellana

Arbolito encantador y versátil, el avellano se cultiva como arbusto de múltiples tallos, como árbol estándar, como parte de un seto o para recepar. Sus hojas verdes y su hábito de tallos múltiples lo convierten en una opción perfecta para la linde del bosque, mientras que, si se cultiva como árbol o arbusto, ofrece una forma encantadora. Crece rápido y enseguida llena su espacio.

Las flores masculinas y las femeninas aparecen en el mismo árbol. Las masculinas son amentos largos y amarillos; las femeninas son pequeñas: estilos rojos finos o hilos que sobresalen de un brote verde, generalmente sobre un grupo de amentos masculinos. El avellano es polinizado por el viento, pero los amentos masculinos también suministran polen a las abejas. Proporciona hábitat a incontables especies, incluidas las orugas de la polilla esmeralda grande, la ola blanca, la marrón rayada y el noctuido del avellano. Gran número de aves y mamíferos consumen las avellanas, incluido el lirón muscardino.

El avellano se ha asociado durante mucho tiempo con la recepa, una forma tradicional de gestión forestal. Los tallos jóvenes se cortan a ras de suelo para promover el crecimiento de nuevos brotes, que se cosechan unos años después, y recomienza el ciclo. La recepa trae luz al suelo del bosque, y eso permite que las flores de primavera florezcan, al tiempo que proporciona combustible, y tallos jóvenes y rectos para bastones, tutores y tejido para cestas.

CUIDADOS

Se necesitan muy pocos cuidados si dejas que tu avellano crezca de manera natural. Si deseas receparlo para gestionar su tamaño, o incluso para usar los tallos en el jardín, simplemente corta todos los tallos a unos 5 cm (2 in) de la base en febrero o marzo. Repite cada pocos años una vez que se hayan formado nuevos brotes fuertes. Poda los setos de avellano a fines del invierno, antes de que comience el crecimiento primaveral. Nunca dejes que el suelo se seque por completo: riega en clima muy seco si se produce un período largo de sequía.

Altura/dimensiones 8 × 8 m (26 × 26 ft), pero se suele recepar o recortarse como seto

Esperanza de vida 80 años, más si se recepa

Suelo Creta, marga, arena; alcalino o neutro; húmedo, pero bien drenado

Origen Europa incluidas las islas británicas

Resistencia H6

CARACTERÍSTICAS

Hojas Acorazonadas, con nervaduras y dentadas, verde claro y suaves, con pelusa en el envés; amarillas en otoño

Ramillas Flexibles y pilosas

Flores Amentos masculinos como colas de cordero, y diminutas flores femeninas rojas con estigmas, que aparecen a finales de invierno en la misma planta

Fruto/semilla Avellanas comestibles que se encuentran en una cáscara hojosa

Corteza Lisa, gris pardo, se pela con la edad

Hoja

Frutos

Flor femenina

Amentos masc.

Árboles de fruto y semillas

105

CARACTERÍSTICAS

Hojas Ovaladas, verde pálido con envés algo velloso

Ramillas Rojo pardo a verdes

Flores Grandes amentos amarillos esponjosos antes de la aparición de las hojas

Fruto/semilla Pequeñas cápsulas, donde se albergan semillas envueltas en una especie de algodón

Corteza Lisa, gris

Salix caprea Kilmarnock

Hoja

Amentos

FICHAS DE ÁRBOLES

SAUCE CABRUNO KILMARNOCK

Salix caprea **Kilmarnock**

Existen unos 400 tipos de sauces del género *Salix*. Muchos son enormes, demasiado grandes para crecer en un jardín; los encontrarás a lo largo de las orillas de los ríos, donde prosperan en suelo húmedo. Pero el sauce cabruno Kilmarnock es una excepción, y sus características lo hacen ideal para el jardín.

El sauce cabruno Kilmarnock tiene un hábito de hojas caídas. No crecerá más de 2,5 m (8 ft) y tiene el mismo valor para la fauna que los sauces más grandes, pero en un espacio pequeño. Cultívalo en un lugar soleado, donde producirá la mejor exhibición de amentos. Varias especies de polillas lo usan, y los abejorros, las abejas solitarias y algunas especies de moscas se centran en los amentos ricos en polen y néctar a principios de la primavera. Es una fuente de alimento para los polinizadores, ya que florece antes que muchas otras plantas.

Otro sauce adecuado para jardines pequeños es el *S. alba* var. *vitellina* Britzensis. Mientras que el *S. alba* crece hasta 25 m (82 ft) o más, y necesita suelo húmedo, el Britzensis se cultiva para jardinería y tolera suelos arcillosos y húmedos, pero no secos. Se suele podar a principios de primavera para potenciar sus brotes de color rojo, más coloridos cuando son jóvenes. Es ideal para el jardín de invierno.

CUIDADOS

Riégalo regularmente los primeros años. Por lo demás, precisa pocos cuidados, aparte de eliminar los tallos muertos o dañados (pp. 158-159). Los árboles más viejos pueden necesitar poda a medida que se enrama. Para ello, retira tallos enteros y deja el marco principal de ramas en primavera: evita recortar los tallos, ya que eso fomentará muchos brotes y empeorará la congestión, y podrías terminar con un árbol de aspecto muy antinatural. Para podar la variedad Britzensis con el fin de disfrutar de sus brotes, corta los brotes a fines del invierno o la primavera a 5-8 cm (2-3 in) de la base, luego repite anualmente o cada pocos años, cortando hasta los tocones anteriores.

Altura/dimensiones 1,8 × 2,5 m (6 × 8 ft) a los 20 años

Esperanza de vida 50 años

Suelo Arcilla, marga, arena; ácido, alcalino o neutro; húmedo, pero bien drenado

Origen Regiones templadas de Europa y Norteamérica

Resistencia H6

Árboles de fruto y semillas

ABEDUL

Betula pendula

Hermoso caducifolio de forma cónica que crece hasta 20 m (66 ft). A diferencia de otros árboles, su altura no impone, ya que la copa es ligera y deja que la luz del sol se filtre entre las ramas y sus pequeñas hojas. De corteza blanca elegante y descascarada, que desarrolla fisuras oscuras en forma de diamante con la edad. En otoño, sus hojas se vuelven de un hermoso color amarillo antes de caer.

Útil para la vida silvestre, les encanta a los herrerillos, que se alimentan de sus semillas y pican orugas y otros insectos de las ramas. Los pardillos y pinzones también comen sus semillas. Tolera la contaminación, por lo que es una buena opción para los jardines urbanos.

En primavera, cuando el árbol comienza a echar hojas, puedes poner la oreja contra el tronco y escuchar cómo sube la savia. La savia (o agua de abedul) ha sido consumida durante siglos directamente del árbol; es rica en nutrientes y se cree que posee propiedades medicinales. Para obtenerla, elige un árbol con un diámetro de tronco de 25 cm (10 in) y haz un agujero de 3 cm (1 in) de profundidad y aproximadamente a 1 m (3 ft) por encima del suelo. Luego, con un trozo de manguera o algo similar, dirige la savia a un recipiente. Evita agujerear el árbol todos los años, dale un par de años de descanso.

Otros abedules buenos para el jardín incluyen el abedul ornamental del Himalaya (*B. utilis*) y el abedul rojo chino (*B. albosinensis*).

CUIDADOS

Necesita muy poco cuidado, aunque la poda formativa en otoño o invierno es conveniente para eliminar las ramas inferiores si deseas un árbol de un solo tallo (pp. 157-158). No permitas que el suelo se seque: el acolchado anual ayudará a conservarlo húmedo.

Altura/dimensiones 20 × 8 m (65 × 26 ft) a los 50 años

Esperanza de vida 80 años

Suelo Creta, arcilla, marga, arena; ácido, alcalino o neutro; húmedo, pero bien drenado

Origen Europa y Asia, incluidas las islas británicas

Resistencia H7

CARACTERÍSTICAS

Hojas Verde claro, triangulares, con márgenes dentados; amarillas en otoño

Ramillas Lisas, con verruguitas blancas

Flores Amentos masculinos y femeninos en el mismo árbol

Fruto/semilla Los amentos femeninos acaban convirtiéndose en vainas de semillas colgantes, apreciadas por los páridos

Corteza Blanca, se exfolia

Corteza

Amentos masc.

Vaina de semillas

Árboles de fruto y semillas

CARACTERÍSTICAS

Hojas Oblongas, lustrosas y con nervios paralelos; amarillas en otoño

Ramillas Marrón morado con yemas ovaladas de color ciruela

Flores Amentos masculinos y femeninos largos y amarillos que se encuentran en el mismo árbol

Fruto/semilla Castañas envueltas en una cáscara de pinchos o erizo

Corteza Gris-morada y lisa, desarrolla surcos profundos con el tiempo

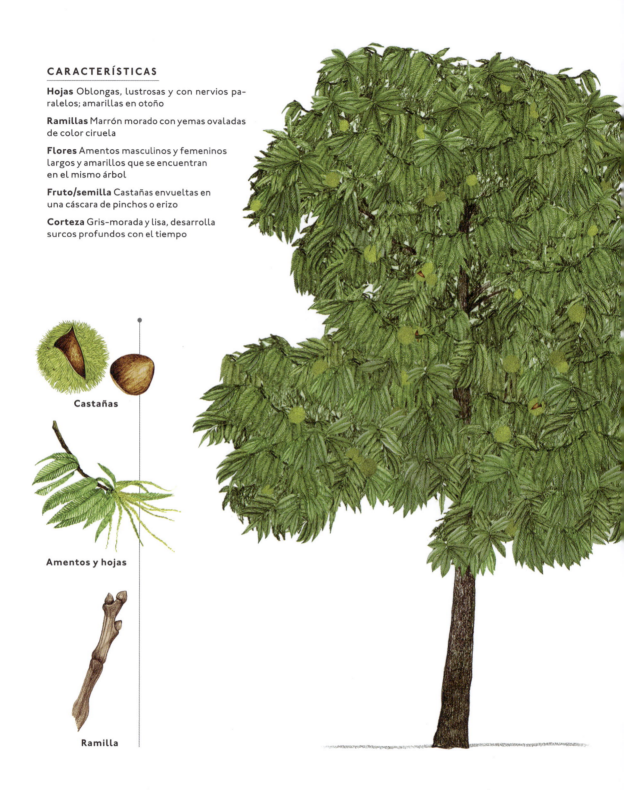

Castañas

Amentos y hojas

Ramilla

FICHAS DE ÁRBOLES

CASTAÑO

Castanea sativa

Relacionado con robles y hayas, el castaño es un enorme caducifolio, apto solo para grandes jardines. Es un árbol de aspecto majestuoso, con corteza lisa de color gris-púrpura que desarrolla incisiones profundas con la edad. Lo mejor de todo, sin embargo, son sus castañas, que tradicionalmente se asan.

Cada cápsula espinosa contiene 2-3 castañas, que son más pequeñas y de color más claro que las del castaño de indias, no comestibles, *Aesculus hippocastanum* (pp. 120-121). Los polinizadores visitan las flores en primavera, y las ardillas se comen las castañas. Varias especies de polillas utilizan sus hojas como alimento.

El castaño fue introducido en Gran Bretaña por los romanos, que usaban las castañas para preparar una especie de papilla. En el Greenwich Park de Londres hay 52 castaños que se cree que datan de mediados de 1600. Cosecha las castañas en octubre cuando caen del árbol, al abrirse los erizos (cáscaras espinosas externas) y esparcirse los frutos a medida que aterrizan. Para quitarles la piel a algunas, usa guantes gruesos. Congélalas o cómelas tan pronto como las coseches, ya que se secan rápidamente. Se pueden tomar crudas (cuando están crujientes) o asadas, lo que las ablanda. También se utilizan para rellenos y en guisos, sopas y comidas más sustanciosas.

CUIDADOS

Elige un lugar soleado para garantizar el máximo número de castañas. Ten en cuenta que los árboles pueden tardar 20 años en dar frutos, aunque algunas variedades, como la Marron de Lyon, darán frutos en solo 2-3 años. Riega bien hasta que el árbol se establezca y abónalo anualmente con estiércol o compost.

Altura/dimensiones 35 × 10 m (115 × 33 ft) a los 50 años

Esperanza de vida 600 años

Suelo Marga, arena; ácido o neutro; bien drenado

Origen Sur de Europa y partes de Asia

Resistencia H6

Árboles de fruto y semillas

ALMENDRO

Prunus dulcis

Son fantásticos árboles ornamentales, con hermosas flores primaverales de color rosa, y se cultivan desde hace miles de años. El árbol se introdujo en California en la década de 1800, y el Estado ahora produce alrededor del 80 por ciento de las almendras del mundo, aunque existen serias preocupaciones en cuanto a la sostenibilidad de la producción debido a las severas sequías experimentadas allí en los últimos años: los almendros son árboles sedientos.

En climas templados, es poco probable que los almendros den frutos, ya que sus primeras flores son susceptibles a las heladas de primavera. Crecen mucho mejor en lugares donde los inviernos son suaves, y los veranos, calurosos. Sin embargo, hay almendros que crecen bien en las islas de calor urbano que se producen en países con climas por lo general más fríos y que dan frutos. A menos que elijas una variedad autofértil como la Robijn, necesitarás un árbol macho y hembra. No obstante, valen la pena solo por la flor y, nunca se sabe, puedes tener suerte y obtener frutos. Cultiva tu almendro en un lugar muy resguardado y soleado, como lo harías con un melocotonero o nectarina.

Las fragantes almendras se utilizan en panadería, confitería y para elaborar bebida vegetal. El aceite de almendra se emplea en cosméticos.

CUIDADOS

Opta por un pie de St Julien o Montclair para un árbol de una altura máxima de 4,5 m (15 ft). La poda, a finales del verano, no difiere de la de los manzanos: después de plantar, corta las ramas en un tercio para promover una copa espesa. Con el tiempo, poda para crear un centro abierto de modo que la luz y el aire lleguen a los frutos en desarrollo (pp. 160-161). Los árboles pueden ser susceptibles a la lepra de las hojas: la única forma de lidiar con ella es arrancar y destruir las hojas infectadas en primavera. Mantén los árboles jóvenes bien regados en períodos secos.

Altura/dimensiones 8 × 4 m (26 × 13 ft) a los 20-50 años

Esperanza de vida 50 años

Suelo Creta, arcilla, marga, arena; ácido, alcalino o neutro; húmedo, pero bien drenado

Origen Irán y países vecinos

Resistencia H6

CARACTERÍSTICAS

Hojas Oblongas, con nervios prominentes; amarillas en otoño

Ramillas Grises y lisas, con yemas florales rojizas alternas

Flores Rosa vivo, estrelladas

Fruto/semilla Corteza oblonga y pilosa, que contiene una almendra

Corteza Gris pardo y con fisuras

Frutos

Flor

Árboles de fruto y semillas

113

ÁRBOLES
GRANDES

Adecuados solo para grandes jardines, esta selección de árboles consiste principalmente en caducifolios originarios de Europa, como el roble, el haya y el tilo. Vale la pena cultivarlos si se dispone del espacio, pero necesitan una planificación cuidadosa sobre dónde vivirán. Los árboles más grandes varían en altura desde 20 m (66 ft) hasta unos 45 m (148 ft), y la extensión del árbol a veces iguala su altura. Tardan en madurar, y nunca verás el alcance y tamaño final de tu árbol, pero muchas generaciones lo disfrutarán: ¡algunos viven más de 1000 años!

TEJO

Taxus baccata

A menudo se ve en los cementerios esta conífera que puede llegar a ser enorme, pero también es una planta para setos y topiaria.

Los tejos se pueden cultivar como árboles de tallos únicos o múltiples, luciendo hojas durante todo el año, flores para los polinizadores y bayas rojas para aves y pequeños mamíferos. Todas las partes son tóxicas para los humanos, particularmente las semillas, que no deben comerse. Las aves y los mamíferos pueden hacerlas pasar a través de su sistema digestivo sin sufrir daños. Cultivado como seto o en forma topiaria, el tejo ofrece un fondo verde para plantas coloridas. Su denso follaje ayuda a ocultar vistas antiestéticas y proporciona anidación para las aves. Es una de las plantas más longevas de Europa.

Fruto

Flor

CARACTERÍSTICAS

Hojas Verde oscuro, agujas puntiagudas
Ramillas Verde oscuro
Flores En primavera, crecen flores masculinas y femeninas en distintos árboles; las masculinas son color hueso, pequeñas y redondas; las femeninas parecen yemas verdes y escamosas
Fruto/semilla Pequeña drupa roja que contiene una semilla dura
Corteza Rojo pardo, con fisuras y que se exfolia

CUIDADOS

Riégalo bien mientras se establezca, y luego ya no necesitarás regarlo más. Precisa muy pocos cuidados y ninguna poda. Sin embargo, los topiarios y setos necesitan un recorte regular para darles forma y tamaño (pp. 158-160).

Altura/dimensiones 15 m (49 ft) a los 20-50 años

Esperanza de vida 3000 años

Suelo Marga, creta, arcilla, arena; ácido o neutro; bien drenado

Origen Europa y África del Norte

Resistencia H7

Árboles grandes

CARACTERÍSTICAS

Hojas Verde claro, ovaladas y con nervio principal; amarillas/naranjas en otoño

Ramillas Delgadas y grises, con yemas alternas en forma de torpedo

Flores Amentos redondeados insignificantes: el masculino, algo menor y más oscuro

Fruto/semilla El hayuco es un fruto pequeño de cáscara dura y púas, y en su interior están las semillas marrones y angulosas

Corteza Lisa y gris

Hoja otoñal

Hayuco

Flor

Ramilla

HAYA

Fagus sylvatica

El haya es uno de los árboles más bellos del bosque. Sus hojas verdes y ligeramente vellosas marcan la primavera, antes de envejecer y adquirir un verde más oscuro y volverse glabras. Desarrollan un tono anaranjado y se vuelven de un maravilloso tono rojizo antes de caer en otoño. La corteza lisa y gris es el marco perfecto para toda esta belleza frondosa.

Son árboles excelentes para la fauna: sus hojas las comen las orugas de varias especies de polillas, el hayuco es alimento para ratones, topillos, ardillas y aves. A medida que envejecen, proporcionan hogar para aves y ardillas, y la corteza a menudo es poblada por hongos, musgos y líquenes. Los árboles maduros pierden gran cantidad de hojas en otoño, perfectas para hacer mantillo de hojas. El hayuco arraiga fácilmente en macetas y márgenes.

Si te encantan las hayas pero no dispones de espacio, un seto de haya es una buena opción. Las hayas jóvenes se aferran a sus hojas en invierno, y el proceso de poda mantiene los setos en su estado juvenil para que conserven sus hojas durante todo el año, formando una pantalla efectiva incluso en invierno. Los setos de haya son bellos, formales aunque delicados, y las hojas de invierno aseguran verdor durante todo el año.

CUIDADOS

Riega bien los primeros años después de la siembra. Las hayas necesitan muy poco cuidado, pero los setos precisan poda regular (pp. 158-160). La poda formativa debe hacerse en invierno pero, una vez establecido el árbol, poda a finales del verano (cuando las aves hayan terminado de anidar). Da forma algo cónica a los setos para que la base sea más ancha que la parte superior, así garantizarás que la luz llegue a todas las partes.

Altura/dimensiones 40 × 20 m (131 × 66 ft) a los 20-50 años

Esperanza de vida 600 años

Suelo Creta, arcilla, marga, arena; ácido, alcalino y neutro; húmedo, aunque muy bien drenado

Origen Europa y sudeste de las islas británicas

Resistencia H6

Árboles grandes

ROBLE CARVALLO

Quercus robur

El roble carvallo es una de las dos especies originarias británicas de roble (y la más predominante de las dos). Otras tres especies se han naturalizado en las islas británicas y existen unas 600 en todo el mundo. Relacionado con el haya, es un árbol grande y majestuoso, con características hojas lobuladas y frutos de bellota.

Cobija más vida que cualquier otra especie de árbol británica: cientos de tipos de insectos, que a su vez son alimento para las aves y sus crías, mamíferos y otros insectos. Las aves, como los arrendajos, se alimentan de sus bellotas, mientras que los agujeros y grietas de la corteza son útiles para otras aves, murciélagos y ardillas. También es anfitrión de hongos, como el matamoscas, el hongo calabaza y el pollo del bosque.

Sus hojas podridas ofrecen oportunidades para detritívoros como ciempiés, escarabajos de tierra, orugas e incluso mamíferos. Los robles pueden vivir hasta 1000 años. A medida que envejecen, la copa empieza a morir, permitiendo que la luz llegue a la corona interna, lo cual estimula el crecimiento y, finalmente, da como resultado el desarrollo de una copa nueva. Las ramas viejas mueren, pero pueden permanecer en el árbol, dándole una apariencia de «cabeza de ciervo».

Fantásticos árboles de jardín, los robles son adecuados solo para espacios muy grandes. Planta un roble y piensa en quienes lo disfrutarán dentro de 200, 500 e incluso 1000 años.

CUIDADOS

Un roble necesita poco cuidado después de plantarlo, pero riégalo regularmente los 2 primeros años. Cabe esperar que crezca hasta alrededor de 10 m (33 ft) en 20 años, y solo comenzará a producir bellotas a partir de entonces.

Altura/dimensiones 35 × 10 m (115 × 33 ft) a los 50 años

Esperanza de vida 1000 años

Suelo Creta, arcilla, marga, arena; ácido, alcalino o neutro; húmedo, pero bien drenado

Origen Regiones templadas de Europa y Norteamérica

Resistencia H6

CARACTERÍSTICAS

Hojas De lóbulos redondeados y tallo corto; amarillas en otoño

Ramillas Verde pardo, con yemas agrupadas en la punta

Flores Amentos largos amarillos

Fruto/semilla Bellotas verdes (frutos con cascabillo), que se vuelven marrones

Corteza Marrón, desarrolla fisuras con la edad

Hoja otoñal

Corteza

Flores

Bellota

Árboles grandes

CARACTERÍSTICAS

Hojas Palmadas, con 5-7 folíolos con nervio; rojas/marrones en otoño

Ramillas Rojo pardo con yemas redondeadas pegajosas

Flores Panículas cónicas de flósculos individuales blancos con tonos rosas

Semilla Castaña de Indias dura dentro de una cáscara con púas

Corteza Lisa, gris rosada de joven, y fisuras con la edad

Hoja otoñal

Ramilla

Castaña de Indias

FICHAS DE ÁRBOLES

CASTAÑO DE INDIAS

Aesculus hippocastanum

El castaño de indias, o falso castaño, es un árbol de gran porte que aparece repetidamente en los cuentos infantiles y los niños han utilizado sus castañas —cuanto más más grandes y lustrosas, mejor— para lanzárselas unos a otros durante generaciones. Que su nombre vernáculo no te lleve a engaño: no es originario de la India, sino de los Balcanes (aunque puede hallarse en el norte de Europa).

Altos y majestuosos, de hojas frescas y flores parecidas a candelabros que marcan la llegada de la primavera, y castañas que indican que el otoño está aquí. Cuando las hojas caen en otoño, dejan una cicatriz en la ramita de la que se desprendieron, que se asemeja a una herradura invertida con agujeros de clavos.

Si bien es originario de los Balcanes, el castaño de Indias se ha naturalizado en otros países de Europa. Varios polinizadores visitan sus flores y un par de especies de polillas usan las hojas como alimento de sus orugas. Los mamíferos grandes se comen las castañas.

En los últimos años, se ha visto afectado por una dañina plaga: el minador de hojas, una especie de insecto díptero del sur de Europa encontrada por primera vez en Gran Bretaña en el año 2002. Pone sus huevos en las hojas y sus larvas minan el interior, comiéndolas desde dentro. Las manchas marrones o blancas son visibles en las hojas. Los árboles muy afectados pueden perder las hojas temprano, pero eso parece no afectar su vigor. Los herrerillos se comen las larvas y sus capullos, por lo que proporcionarían un control natural a largo plazo para la plaga.

CUIDADOS

Necesita muy poco cuidado más allá de la poda formativa, para eliminar las ramas cruzadas, muertas y de bajo crecimiento (pp. 158-159). Riega durante los 2 primeros años cuando las condiciones sean secas.

Altura/dimensiones 40 × 20 m (131 × 66 ft) a los 20-50 años

Esperanza de vida 300 años

Suelo Marga, arena; ácido, neutro; húmedo, pero bien drenado

Origen Los Balcanes

Resistencia H7

Árboles grandes

TILO DE HOJA PEQUEÑA

Tilia cordata

Enorme caducifolio, apto solo para grandes jardines. Dicho esto, es un espécimen maravilloso si dispones de un gran jardín. Sus hojas de color verde fresco son el espectáculo perfecto de primavera, sus fragantes flores atraen a las abejas, y sus hojas sirven a una variedad de polillas, incluida la hermosa esfinge del tilo.

Debido a que estos árboles son tan longevos, proporcionan madera muerta para los escarabajos perforadores de la madera y agujeros de anidación para las aves. Los áfidos se sienten atraídos por los tilos y resultan fuente de alimento para aves y depredadores de insectos como sírfidos y mariquitas. Las abejas incluso toman mielato de áfidos de las hojas en primavera. Ten cuidado: la mielato de los áfidos puede ser un problema, y lo que esté debajo del tilo, como un automóvil o muebles de jardín, podría quedar perdido.

Los tilos tienen una relación espantosa y un poco macabra con las abejas, ya que se cree que el néctar de algunas especies, en particular el tilo plateado (*Tilia tomentosa*), las mata. Durante años, se han observado abejas muertas (por lo general, abejorros) debajo de los tilos. Se cree que el néctar en las flores es tóxico para las abejas, aunque aún no se entiende cómo ni por qué: hay quien ha llegado a sugerir que, en una primavera seca, ciertos compuestos están más concentrados en el néctar y lo hacen más tóxico. El tilo de hoja pequeña no resulta peligroso para las abejas, así que considéralo un árbol adecuado para ellas. ¡Eso sí, mantenlo siempre bien regado, por si acaso!

CUIDADOS

Riégalo en períodos secos. Poda formativa para los árboles jóvenes mediante la eliminación de ramas cruzadas, muertas y de bajo crecimiento (pp. 158-159). Tardará 20-50 años en alcanzar su altura máxima, según las condiciones.

Altura/dimensiones 25 × 20 m (82 × 66 ft) a los 50 años

Esperanza de vida 200 años

Suelo Creta, arcilla, arena; alcalino o neutro; húmedo, pero bien drenado

Origen Europa

Resistencia H6

CARACTERÍSTICAS

Hojas Acorazonadas, verde vivo, puntiagudas; amarillas en otoño

Ramillas Rojizas por arriba y verde oliva por debajo

Flores Hermafroditas verdes/amarillas algodonosas (la misma flor contiene las partes masculinas y femeninas)

Fruto/semilla Redondeado con puntas ovaladas

Corteza Gris pardo y lisa, con láminas que se desprenden con la edad

Hoja

Ramilla

Flor

Semilla

Árboles grandes

ÁRBOLES DE
COLORIDO OTOÑAL

Las hojas de muchos caducifolios cambian de color antes de caer en otoño (pp. 42-43), y algunas se vuelven realmente espectaculares. Si deseas un árbol que sorprenda en otoño, no busques más. Inevitablemente, esta lista no es exhaustiva, y encontrarás árboles en otros capítulos del libro con un excelente color otoñal (los cerezos, en la sección frutales, y el haya, en la sección de árboles grandes, resultan hermosos a medida que sus hojas cambian). Sin embargo, esta sección incluye árboles particularmente conocidos por su coloración foliar otoñal, como el maravilloso liquidámbar y el arce japonés.

Cercis canadensis
Forest Pansy

Altura/dimensiones 5 × 5 m (16 × 16 ft) a los 20 años

Esperanza de vida 70 años

Suelo Marga, arena; ácido o neutro; húmedo, pero bien drenado

Origen Norteamérica

Resistencia H5

Ramilla

Flor

AMOR DEL CANADÁ

Cercis canadensis

Un hermoso árbol para un pequeño jardín, originario del este de Norteamérica. La especie presenta hermosas hojas en forma de corazón y flores rosadas, parecidas a guisantes.

La mejor variedad de jardín es la Forest Pansy, cuyas flores aparecen en primavera sobre el árbol desnudo, seguidas de hojas rojas en forma de corazón que se oscurecen a un púrpura brillante. En otoño, las hojas se colorean aún más, y adquieren tonos anaranjados, rojos, amarillos y morados. A contraluz, el árbol es espectacular y etéreo, así que elige bien la ubicación para aprovechar al máximo este efecto. Amigo de la fauna silvestre, sus flores hacen las delicias de las abejas, en particular en su zona de origen, y las abejas cortadoras de hojas forran sus nidos con ellas.

CARACTERÍSTICAS

Hojas Acorazonadas, rojo brillante; en otoño de color rojo oscuro, naranja, amarillo y morado
Ramillas Marrón oscuro y con manchitas
Flores Rosadas, aparecen en racimos
Semillas Vainas con semillas marrones planas
Corteza Rojo pardo con hondas fisuras

CUIDADOS

Es necesaria muy poca poda, aparte de la eliminación de ramas cruzadas o muertas (pp. 158-159). Mantén el suelo húmedo, pero no encharcado, mientras el árbol se está estableciendo. Acólchalo anualmente en otoño para retener la humedad.

CARACTERÍSTICAS

Hojas Palmadas con 5, 7 o 9 lóbulos puntiagudos; rojas a naranjas, moradas y doradas en otoño

Ramillas Variables, pero siempre con yemas opuestas

Flores Agrupadas en pequeños racimos colgantes rojos

Semillas Sámaras emparejadas (semillas aladas)

Corteza Variada

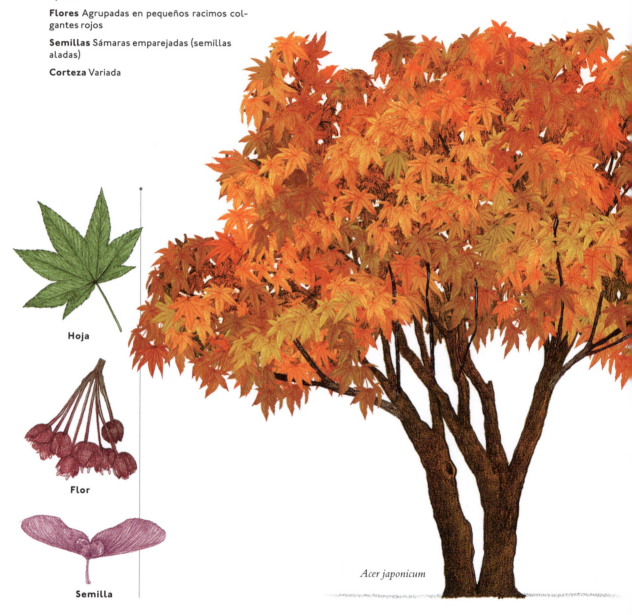

Acer japonicum

Hoja

Flor

Semilla

FICHAS DE ÁRBOLES

ARCE JAPONÉS

Acer **spp.**

Disponible en una gran variedad de formas y tamaños, el arce japonés es apreciado por su fantástico color otoñal, tamaño compacto y elegante, y su hábito de crecimiento lento, que lo convierte en una excelente opción para jardines pequeños. También crece bien en maceta. Requiere muy poca poda y, mientras esté en un lugar protegido de los vientos secos del invierno, durará años, proporcionando colorido y espectáculo durante muchas estaciones.

Hay una gama de arces japoneses para elegir, todos de un color otoñal espectacular. Algunos, como el *Acer palmatum* var. *dissectum*, también poseen hojas delicadas, de filigrana, mientras que otros, como los arces de corteza de coral (*A. p.* Sango-kaku) presentan una corteza llamativa en invierno.

Elige bien tu arce japonés: el *A. japonicum* crece como un árbol pequeño, mientras que el *A. palmatum* es más parecido a un arbusto, más ancho que alto. Todas las especies son de crecimiento lento, así que compra el espécimen más grande que puedas permitirte. La mayoría crecen mejor en sombra o sombra parcial, en especial los tipos abigarrados, que pueden sufrir quemaduras en las hojas si reciben demasiado sol. Para espacios más soleados, opta por un arce de hojas verdes que adopte un color rojo o púrpura otoñal, ya que necesita un poco de sol para que los pigmentos coloridos se desarrollen.

Debido a que son compactos y de crecimiento lento, los arces japoneses funcionan bien en macetas. Cultívalo en un buen compost con base de tierra, como el John Innes N.º 3, o un compost ericáceo sin turba con arena agregada para favorecer el drenaje, y mantén el compost húmedo, pero no saturado.

CUIDADOS

Necesita muy pocos cuidados, pero es posible que debas podar para eliminar las ramas cruzadas o muertas de vez en cuando (pp. 158-159). Siempre poda cuando esté latente (en invierno) para evitar el «sangrado» (pérdida de savia). Acólchalo anualmente en primavera para retener la humedad del suelo.

Altura/dimensiones 10 × 8 m (33 × 26 ft) a los 10-20 años

Esperanza de vida 100 años

Suelo Marga; ácido, ligeramente alcalino o neutro; bien drenado

Origen Asia Oriental

Resistencia H7-H2; H6 para *A. japonicum* y *A. palmatum*

Árboles de colorido otoñal

GINKGO

Ginkgo biloba

Ventana a un viejo mundo, el ginkgo data de hace 270 millones de años. Ni conífera ni árbol de hoja ancha, se encuentra solo en el género ginkgófito del reino vegetal: todos sus parientes están extintos. El *Ginkgo biloba* vive hasta 3000 años. Es el árbol nacional de China, y se dice que hay ginkgos plantados en templos que cuentan más de 2500 años de antigüedad.

De crecimiento lento y relativamente compacto, el ginkgo es perfecto para un jardín pequeño. Es resistente y cónico, pero se expande algo con la edad. La atracción principal son las hojas, inusuales, en forma de abanico y sin nervios visibles. A menudo se dividen en el centro, formando 2 lóbulos, de ahí su nombre *biloba*. El color de las hojas se vuelve de un vistoso tono amarillo en otoño.

Los árboles son masculinos o femeninos (dioicos). Las flores femeninas son seguidas por frutas en forma de bola, que se dice que huelen a mantequilla rancia. Es casi imposible distinguir los árboles gingko machos y hembras hasta que el femenino está en flor, así que si decides evitar un ejemplar femenino, es mejor desistir de cultivar un gingko. Crece en casi todas las condiciones y es un buen árbol de calle, dado que tolera la contaminación. Cultívalo en un lugar soleado como punto focal del jardín o como parte de un margen ornamental.

Los ginkgos son apreciados por sus propiedades medicinales. Las hojas contienen gingólidos, con los que se elaboran medicamentos para el riego cerebral y se dice que alivian los síntomas del alzhéimer, acúfenos y síndrome de Raynaud.

CUIDADOS

El ginkgo es increíblemente fácil de cuidar. No requiere poda ni es susceptible a plagas o enfermedades. Sin embargo, necesita pleno sol y sufrirá en la sombra. Acólchalo anualmente en otoño o primavera para retener la humedad del suelo.

Altura/dimensiones 10 × 4 m (33 × 13 ft) a los 20 años

Esperanza de vida 3000 años

Suelo Creta, arcilla, marga, arena; ácido, alcalino o neutro; húmedo, pero bien drenado

Origen China

Resistencia H6

CARACTERÍSTICAS

Hojas Flabeliformes, con una singular estructura sin parangón en el reino vegetal; amarillas en otoño

Ramillas Rojas pardas con espolones alternos

Flores Amentos largos amarillos (masculinas) y glomérulos de florecillas con pedicelo (femeninas)

Fruto Técnicamente es una semilla desnuda, redonda y de olor desagradable

Corteza Gris, fruncida y corchosa

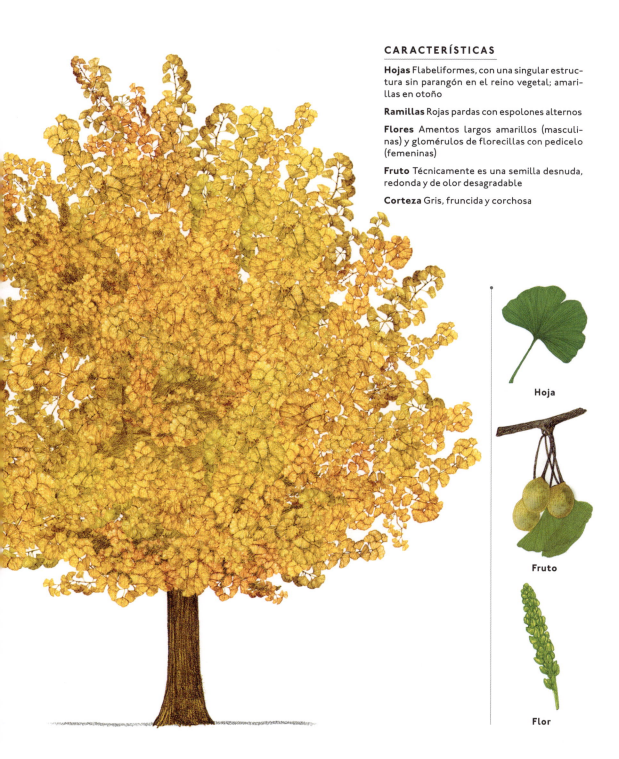

Hoja

Fruto

Flor

Árboles de colorido otoñal

LIQUIDÁMBAR

Liquidambar styraciflua

Uno de los árboles más bonitos para tu jardín, de magnífico color otoñal, con hojas que se vuelven de tonos rojos, morados, amarillos y naranjas antes de caer. La corteza gris y estriada agrega interés invernal. Planta tu liquidámbar en la parte más soleada del jardín para obtener el color otoñal más espectacular, y asegúrate de que esté en el lugar perfecto para verlo en todo su esplendor.

Con una tasa de crecimiento razonable y un hábito cónico cuando es joven (más redondeado con la edad), es perfecto para jardines pequeños, como centro de atención. Las aves y las ardillas se comen los frutos y usan árboles maduros para anidar. Al ser polinizadas por el viento, las flores masculinas están llenas de polen y atraen a las abejas. El único inconveniente son las vainas de semillas duras y puntiagudas, que pueden causar lesiones si se cae sobre ellas, y son difíciles de rastrillar.

El liquidámbar toma su nombre de la resina dulce y pegajosa que exuda de la corteza. Históricamente, se usaba en la medicina popular y también se ha utilizado para hacer chicle. Existen varios cultivares disponibles, como el Worplesdon, de forma cónica, el Andrew Hewson, más pequeño, y el Happydaze, que es estéril y, por lo tanto, no produce las vainas de semillas duras y puntiagudas. Otros cultivares presentan sus propias características, como por ejemplo hojas abigarradas.

CUIDADOS

El liquidámbar está en gran parte libre de plagas y enfermedades. La poda no es necesaria, pero elimina los tallos dañados, cruzados o enfermos (pp. 158-159). Riégalo bien hasta que se establezca, en particular, durante períodos secos prolongados. Acólchalo anualmente, en primavera u otoño, para retener la humedad del suelo.

Altura/dimensiones 10 × 6 m (33 × 20 ft) a los 20 años

Esperanza de vida 150 años

Suelo Arcilla, marga, arena; ácido a ligeramente alcalino; húmedo, pero bien drenado

Origen Sudeste de EE. UU. y bosques nubosos de América Central

Resistencia H6

CARACTERÍSTICAS

Hojas Como de arce, pero estrelladas y con lóbulos más marcados; rojas, naranjas, amarillas y moradas en otoño

Ramillas Verdes a amarillo pardo, desarrollan protuberancias corchosas grises con la edad; yemas foliares pegajosas, con escamas verde anaranjadas brillantes

Flores Amentos masculinos y femeninos que aparecen en lo alto del mismo árbol, en primavera; los masculinos, de tonos rojos y glomérulos alargados y apretados; los femeninos, esféricos e individuales

Fruto/semilla Las flores femeninas desarrollan vainas de semillas espinosas y esféricas en otoño

Corteza Estriada a partir de los 25 años

Hoja

Flor femenina

Flor masculina

Vaina de semillas

Árboles de colorido otoñal

CARACTERÍSTICAS

Hojas Grandes, ovaladas, verdes y lustrosas; rojas, naranjas y amarillas en otoño

Ramillas Rojo pardo a gris, con yemas puntiagudas, oscurecen a marrón en invierno

Flores En glomérulos diminutos, blancos verdosos

Fruto Bayas azul morado

Corteza Gris oscuro y que se desprende en láminas; desarrolla frunces con la edad

Hoja

Ramilla

Flor

FICHAS DE ÁRBOLES

TUPELO NEGRO

Nyssa sylvatica

Este hermoso arbolito adecuado para un jardín pequeño posee hojas verdes brillantes que se vuelven de increíbles tonos naranjas, rojos y amarillos en otoño. Sus bayas de color púrpura oscuro se ven hermosas contra el telón de fondo de las hojas de otoño, y las aves se las comen.

El tupelo negro presenta una agraciada forma cónica, crece simétricamente hasta solo 5 × 4 m (16 × 13 ft) en 20 años. Se desarrolla mejor a pleno sol o sombra parcial. Prospera en un suelo húmedo y ácido, y le irá bien en suelos arcillosos pesados. En suelos más secos necesitará mucho riego adicional, por lo que es mejor elegir un arce japonés (pp. 126-127). Existen varios cultivares disponibles, como el Jermyns Flame, de un color otoñal particularmente llamativo.

Menos conocido, pero posiblemente aún más espectacular, es el tupelo chino (*Nyssa sinensis*). Más pequeño que su primo estadounidense, es ideal para jardines urbanos y también es un buen árbol para la calle. Cultivado como árbol o arbusto grande, presenta follaje bronce que desarrolla una coloración roja, naranja y amarilla antes de caer en otoño. Sus flores se agrupan en glomérulos discretos de verde y blanco, y sus bayas también son poco notables. Este árbol se cultiva puramente por su llamativo follaje. Al igual que el tupelo negro, el tupelo chino también se adapta mejor a los suelos húmedos y se puede cultivar cerca de un estanque o arroyo.

CUIDADOS

Cultívalo en un lugar protegido, lejos de fuertes vientos. Los árboles de tupelo desarrollan una raíz principal larga, que puede dañarse cuando se trasplanta, por lo que es mejor plantar a partir de retoños cultivados en maceta. Evita la poda a menos que sea absolutamente necesaria, y mantén el árbol bien regado los primeros años.

Altura/dimensiones 8 × 8 m (26 × 26 ft) a los 50 años

Esperanza de vida 70 años

Suelo Marga, arena; ácido o neutro; húmedo, pero bien drenado (cenagoso, cortos períodos)

Origen Norteamérica

Resistencia H6

Árboles de colorido otoñal

ZUMAQUE DE VIRGINIA

Rhus typhina

Arbolito o arbusto espectacular tanto para parterres ornamentales como macetas. Presenta grandes hojas pinnadas verdes que adquieren bellas tonalidades de rojo y naranja en otoño.

Los árboles femeninos poseen hermosos racimos de bayas que persisten hasta el invierno, consumidas por varias especies de aves en su Norteamérica natal y por nosotros. Aunque el *Rhus typhina* no es una especie utilizada para elaborar la mezcla de especias zaatar (empleada en la cocina mediterránea), las bayas secas se pueden moler para obtener un sustituto aceptable. Este árbol crece bien en maceta, lo cual ayuda a lidiar con su tendencia a los chupones (véase más abajo).

CARACTERÍSTICAS

Hojas Grandes, pinnadas; rojas y naranjas en otoño
Ramillas Fornidas, pardas rojizas y afelpadas
Flores Glomérulos cónicos amarillos
Fruto/semilla Racimos cónicos de bayas rojas
Corteza Gris pardo y escamosa

Flor

Fruto

CUIDADOS

El zumaque tiende a generar chupones (nuevos brotes desde las raíces), que pueden ser problemáticos en jardines pequeños. Una maceta contendrá esta tendencia y también producirá un árbol más pequeño. También se puede contener el árbol colocando una membrana impermeable, como losas de pavimento, alrededor de las raíces. Corta cualquier brote que aparezca. Evita cultivarlo cerca de céspedes o lindes.

Altura/dimensiones Hasta 8 × 8 m (26 × 26 ft) a los 20 años

Esperanza de vida 50 años

Suelo Marga, arena; ácido, alcalino o neutro; húmedo, pero bien drenado

Origen Norteamérica

Resistencia H6

ARCE DE PAPEL

Acer griseum

Es uno de los árboles más vistosos para un pequeño jardín y destaca durante los meses de otoño, cuando sus hojas se vuelven de tonos ardientes rojos y naranjas.

La hermosa corteza papirácea (que le da nombre) es un espectáculo durante todo el invierno. Elige un lugar para plantarlo donde se vea desde el interior y se aprecie su belleza incluso cuando hace demasiado frío para aventurarse afuera.

El arce de papel es un árbol de crecimiento lento, y tardará 20 años o más en alcanzar su tamaño máximo. Las flores, ricas en néctar, son muy apreciadas por los polinizadores, que incluyen aves en su China natal.

Altura/dimensiones 12 × 8 m (39 × 26 ft) a los 20 años

Esperanza de vida 150 años

Suelo Marga, arena; ácido, alcalino o neutro; húmedo, pero bien drenado

Origen China

Resistencia H5

Hoja

Semilla

Flor

CARACTERÍSTICAS

Hojas Palmadas con 3 folíolos verdes; de rojo anaranjado en otoño

Ramillas Delgadas y marrones con manchas claras (lenticelas) y yemas de color marrón oscuro, muy puntiagudas

Flores Glomérulos de florecillas verdes colgantes

Semillas Sámaras emparejadas (aladas)

Corteza Papirácea, que se exfolia

CUIDADOS

Cultívalo en un lugar protegido. No hay razón para podarlo, pero retira las ramas muertas o cruzadas (pp. 158-159) tanto en árboles jóvenes como viejos, cuando el árbol esté inactivo (invierno), ya que puede sangrar savia si se poda en otras épocas. Acólchalo en primavera para retener la humedad del suelo.

Árboles de colorido otoñal

PALMERAS

Las palmeras a menudo se pasan por alto como árboles de jardín. Si bien no absorben tanto dióxido de carbono como otros árboles (debido a la falta de cobertura de hojas) y son mucho menos atractivas para la fauna nativa, cumplen un cometido en los jardines, ya sea como punto focal de hoja perenne o como parte de una exhibición de plantas tropicales. Se presentan en una variedad de formas y tamaños y muchas son compactas, lo cual las convierte en una buena opción para un espacio pequeño. Muchas toleran la sal y el viento, por lo que son adecuadas si vives cerca de la costa. La mayoría necesitan temperaturas tropicales o subtropicales para prosperar, pero algunas se pueden cultivar al aire libre; ten en cuenta que crecerán menos en nuestros jardines que en sus regiones de origen. Las palmeras son excelentes para exhibiciones tropicales y acompañan bien a plátanos, bambúes y el lino de Nueva Zelanda.

ÁRBOL REPOLLO

Cordyline australis

No se trata de una verdadera palmera; es alto y a menudo de un solo tronco, aunque la ramificación puede ocurrir después de la floración.

En verano, el árbol repollo presenta masas de fragantes flores blancas, ideales para las abejas, y sus bayas alimentan a las aves, en particular, estorninos. Forma grandes rosetas perennes de largas hojas ensiformes de color verde oscuro. Uno de los árboles exóticos más fáciles de cultivar, es una buena opción para una ubicación costera, y soporta hasta −9 °C (16 °F). En jardines pequeños, crecerá feliz en una maceta, aunque su altura se verá restringida: puede alcanzar solo 2 m (6 ½ ft) de altura, y deberás trasplantarlo de vez en cuando, algo complicado con especímenes grandes.

CARACTERÍSTICAS

Hojas Ensiformes, verdes, agrupadas
Flores Panículas de color crema, fragrantes
Fruto Racimos de bayas blancas
Corteza Corchosa y gris

CUIDADOS

Los árboles repollo necesitan poca poda regular, pero responden bien a la poda de renovación, mediante la cual se corta el árbol a ras de suelo en primavera para fomentar un nuevo crecimiento o cambiar su forma. También puedes arreglarlo de vez en cuando, eliminando hojas viejas, muertas o rezagadas. Los repollos cultivados en maceta necesitan riego adicional y la sustitución anual de los centímetros superiores del compost. En macetas grandes pueden no precisar trasplante, pero superan rápido los contenedores pequeños.

Altura/dimensiones 8 × 4 m (26 × 13 ft) a los 20-50 años

Esperanza de vida 50-100 años

Suelo Marga, arena, creta, arcilla; ácido, alcalino o neutro; húmedo, pero bien drenado

Origen Nueva Zelanda

Resistencia H3

Corteza

Fruto

Palmeras

PALMERA CANARIA

Phoenix canariensis

Esta gran palmera presenta enormes hojas verdes en forma de abanico y racimos de flores de color amarillo crema sostenidos en tallos largos y arqueados.

A pesar de ser originaria de las Islas Canarias, resiste hasta −6 °C (21 °F) y crece sin problemas en un lugar soleado y protegido. En su área de distribución alcanza los 15 m (49 ft) o más, pero en climas más fríos, su altura es de 3-4 m (10-13 ft). Al igual que muchas palmeras, el tronco se desarrolla a medida que las hojas viejas caen. Puede adquirirse en una variedad de tamaños, desde 1 m (3 ft) de altura (en macetas de 20 cm / 8 in) hasta 3 m (10 ft), en grandes recipientes. Crece lentamente, así que compra la más grande que puedas. Vivirá bien en una maceta espaciosa.

CARACTERÍSTICAS

Hojas Grandes, flabeliformes

Flores Pequeñas, color crudo, en tallos de hasta 2 m (6½ ft)

Fruto Amarillo anaranjado, en árboles femeninos

Corteza Fibrosa

CUIDADOS

A pesar de ser palmeras, estas plantas necesitan riego en clima seco, no dejes que el suelo se seque. Si crece en macetas, trasplanta cada 2 años en una maceta un poco más grande. Si no toca trasplante, receba el suelo con compost fresco, en primavera. Si hace falta proteger la palmera en climas fríos, usa un cordel fuerte para atar todas las hojas juntas y proteger la copa.

Corteza

Fruto

Altura/dimensiones 12 × 8 m (39 × 26 ft) a los 20-50 años

Esperanza de vida 50+150 años

Suelo Marga; ácido o neutro; muy bien drenado

Origen Islas Canarias

Resistencia H2

PALMITO

Chamaerops humilis

Es una palma fácil de cultivar, siempre y cuando se plante en un lugar protegido y soleado, aunque también tolera un poco de sombra.

El palmito es originario del suroeste de Europa, donde alcanza alturas de 5 m (16 ft), con hojas de hasta 1,5 m (5 ft). Sin embargo, no crece tanto en los jardines más fríos, en especial, en maceta, ya que lo hace muy lentamente. Las hojas nuevas se desarrollan rápido para reemplazar las viejas o dañadas. Resiste hasta –12 °C (10 °F) y tolera la sal y el viento, por lo que es ideal para jardines costeros.

En España, los tejones consumen la fruta y se encargan de esparcir las semillas. En climas más fríos, es poco probable que dé frutos.

CARACTERÍSTICAS

Hojas Grandes, flabeliformes

Flores Amarillas, en panículas cortas

Fruto/semilla Amarillo anaranjado, en racimos

Corteza Fibrosa

CUIDADOS

Riega bien el primer año después de la siembra, y luego solo cuando el cepellón comience a secarse. Por lo general, no es preciso regar en invierno. La poda no es necesaria, pero se pueden eliminar las hojas inferiores a medida que se vuelven marrones.

Corteza

Fruto

Altura/dimensiones 2,5 × 1,5 m (8 × 5 ft) a los 20-50 años

Esperanza de vida 50-150 años

Suelo Marga; ácido o neutro; muy bien drenado

Origen Mediterráneo

Resistencia H4

Palmeras 139

PALMA EXCELSA

Trachycarpus fortunei

Palmera alta de tronco grueso y fibroso con hojas de color verde oscuro en forma de abanico. Es perfecta para cultivar en proyectos de plantación exóticos y tropicales, y es lo bastante resistente como para sobrevivir durante todo el año en jardines de climas templados, sin protección.

Cultívala en un lugar soleado o sombreado, en el suelo o en una maceta, pero asegúrate de que esté resguardada: las hojas pueden sufrir con el viento. A medida que el tronco crece, caen las hojas. El tronco puede crecer 30 cm (12 in) al año.

Estas palmeras son dioicas, es decir, poseen flores masculinas o femeninas. Las masculinas son pequeñas y amarillas, pero aparecen en enormes racimos, mientras que las femeninas son de color amarillo pálido, más discretas, y se convierten en bayas azul oscuro si hay un árbol masculino cerca.

Para conferirle un aspecto más arreglado, puedes «despojar» el tronco eliminando las hojas viejas y peludas. Esto no daña la planta, ni la hace menos resistente, pero revela un tronco liso y pálido con un diámetro más delgado. Necesitarás un cuchillo. Comienza en la parte inferior y corta las piezas individuales de la hoja. Es un trabajo que lleva tiempo, pero verás que merece la pena.

CUIDADOS

Evita plantar a demasiada profundidad: la base del tronco debe ser visible y elimina la tierra que se acumule a su alrededor. Riega bien hasta que se establezca la planta. Protégela del viento, ya que puede dañar y afear las hojas.

Altura/dimensiones 12 × 3 m (39 × 10 ft) a los 20-50 años

Esperanza de vida 50-150 años

Suelo Creta, marga, arena; ácido, alcalino o neutro; bien drenado

Origen Sudeste y centro de Asia

Resistencia H5

CARACTERÍSTICAS

Hojas Flabeliformes, verde oscuro, de hasta 1 m (3 ft)

Flores Amarillas, en ramilletes arqueados

Fruto Racimos de bayas negras azuladas

Corteza Fibrosa

Corteza

Fruto

Palmeras

PALMERA DE LA JALEA

Butia capitata

Árbol de crecimiento lento y hojas plumosas de color verde azulado, en forma de abanico, que se arquean desde el tronco fibroso.

Es una de las palmeras de plumas más resistentes, tolera temperaturas de hasta −10 °C (14 °F). Cultívala en un lugar protegido y soleado en suelo bien drenado. Su nombre común proviene del hecho de que su fruto se utiliza para hacer gelatinas. Sin embargo, es poco probable que los frutos maduren en climas más fríos.

Es una de las mejores palmeras para cultivar en macetas, ya que sus raíces responden bien a la restricción y es de crecimiento muy lento. Elige una maceta un poco más grande que el cepellón y planta en un compost a base de marga, como el John Innes N.º 3.

CARACTERÍSTICAS

Hojas Flabeliformes y plumosas

Flores Blancas amarillentas, en tallos largos y arqueados

Fruto/semilla Fruto amarillo anaranjado

Corteza Fibrosa

CUIDADOS

Riega bien hasta que la planta esté establecida y luego solo para mantener el suelo húmedo. Retira las hojas viejas para mejorar su aspecto. Alimenta las plantas cultivadas en maceta con un fertilizante de uso general cada dos semanas en la temporada de crecimiento. Ata las frondas sobre la corona para proteger el árbol en invierno, o traslada las macetas al interior.

Altura/dimensiones 3 × 3 m (10 × 10 ft) a los 20-50 años

Esperanza de vida 80 años

Suelo Marga; ácido o neutro; muy bien drenado

Origen América del Sur

Resistencia H4

Corteza

Fruto

YUCA

Yucca rostrata

Esta palmera resistente se puede cultivar al aire libre, siempre y cuando no sea en suelo húmedo.

Es de crecimiento lento y aspecto llamativo, con masas de hojas verde azulado, en forma de espada, de las cuales sale una enorme espiga de flores en verano. Cultívala en suelos alcalinos bien drenados, en un lugar protegido y soleado. Asegúrate de que pueda drenar libremente en invierno: agrega piedras al hoyo al plantarla para facilitar el drenaje. También puedes cultivarla en un arriate elevado o una maceta con mucho drenaje. Los especímenes en maceta se pueden sacar fuera en verano y luego volver a entrarlos al interior en otoño si la región es particularmente fría. La *Y. filamentosa* también es resistente a climas más fríos y crece como un arbusto mediano.

Estas yucas no deben confundirse con la *Y. gloriosa*, que a menudo se cultiva como planta de interior. La calificación de resistencia de la *Y. gloriosa* es H2, por lo que es poco probable que sobreviva al aire libre en invierno.

Altura/dimensiones 4 × 2,5 m (13 × 8 ft) a los 20-50 años

Esperanza de vida 50-100 años

Suelo Creta, marga, arena; ácido, alcalino o neutro; bien drenado

Origen América Central

Resistencia H5

Corteza

Fruto

CARACTERÍSTICAS

Hojas Verde azulado, ensiformes
Flores Blanco crema, con tallo largo
Fruto Oblongo, azul pardo oscuro
Corteza Fibrosa, con hojas viejas muertas

CUIDADOS

Riega con moderación durante todo el verano y menos en otoño, y deja de hacerlo por completo en octubre.

Palmeras 143

PLANTAR, PODAR, CUIDAR

Comprender los conceptos básicos de la plantación y cuidados de tu árbol es la clave para que crezca con éxito. Aprende a plantar árboles de raíz desnuda y en macetas, además de las técnicas esenciales de poda y cómo detectar los primeros signos de plagas y enfermedades, para garantizar que el árbol prospere.

Elegir y plantar el árbol

Una vez elegido qué tipo de árbol deseas plantar, debes encontrar un buen espécimen. Los árboles se venden de diferentes maneras y la elección puede depender del presupuesto y la época del año, así como de encontrar un ejemplar saludable. Hallarás una selección de árboles en los centros de jardinería, pero a menudo existe una gama mucho mayor en los viveros y en línea.

Al comprar tu árbol, encontrarás árboles de «raíz desnuda» y «cultivados en contenedores» (o «cultivados en maceta»). Esto se refiere a cómo se venden y determina cómo y cuándo deben plantarse. Para consideraciones adicionales al comprar árboles frutales, véanse las pp. 150-151.

Un árbol de raíz desnuda
Este árbol comienza la vida en campo abierto, se desentierra cuando está inactivo en otoño e invierno y se vende sin tierra a su alrededor, con las «raíces desnudas» o expuestas. Como está inactivo, desenterrarlo no lo daña. Busca una buena masa de raíces que no estén rotas ni crezcan en forma circular. Es mejor plantar el pimpollo de inmediato, pero si no puedes, «avivéralo» sumergiendo las raíces en tierra o serrín durante unos días para evitar que se sequen. Plántalo entre noviembre y marzo, antes del comienzo del crecimiento primaveral. Un árbol de raíz desnuda suele ser más barato que un árbol cultivado en contenedor, y suele haber más variedades para elegir.

Un árbol cultivado en contenedor
Cultivado y vendido en maceta, este árbol presenta la ventaja de estar disponible para comprar durante todo el año y también se puede plantar durante todo el año (aunque es mejor evitar el verano, cuando las condiciones suelen ser secas). Tiende a ser más caro que un árbol de raíz desnuda y es posible que haya menos opciones para elegir. Pero puede establecerse más rápidamente. Asegúrate de que el árbol tenga un aspecto saludable y no esté constreñido (con las raíces llenando la maceta).

Edad del árbol al comprarlo

Puedes comprar un árbol de cualquier edad, pero la mayoría tienen 1-5 años. Los jóvenes son más baratos y se establecen más rápido que los más viejos, que pueden estancarse 2 años después de plantarlos y no crecer mucho. A menos que desees un desafío, evita los arbolitos demasiado jóvenes, que necesiten poda formativa y no sean lo bastante robustos para resistir el ataque de plagas. Un árbol de 2-4 años es ideal. Los árboles jóvenes se venden principalmente como árboles estándar, de tallo claro y ramas diferenciadas. Para directrices sobre árboles frutales, véanse las pp. 150-151.

Cuándo plantar el árbol

Los árboles deben plantarse en un suelo húmedo, pero bien drenado. Se debe evitar el suelo congelado, seco o anegado. El otoño suele ser la mejor estación, ya que el suelo todavía está caliente del verano y las lluvias otoñales lo mantienen húmedo. Esto debería conducir al establecimiento rápido del árbol, que será capaz de aumentar las raíces antes de entrar en latencia invernal, y eso lo ayudará a crecer en primavera. A principios de la primavera es el siguiente mejor momento para plantar, ya que el suelo está empezando a calentarse y está húmedo después del invierno. Tienes mucho tiempo para que el árbol se establezca antes de que el verano seque el suelo, aunque es buena idea continuar regando los primeros 2 años, en especial durante los períodos secos (pp. 152-153). Muchos árboles se plantan con éxito en invierno, pero evítalo si el suelo está congelado. Puedes plantar en verano, pero ten en cuenta que los suelos de verano tienden a estar secos, por lo que deberás regar periódicamente para que se establezca bien.

Preparar el suelo

Antes de plantar, prepara el suelo. Esto se refiere a la tierra que cubre un área mucho más grande que el mero agujero de plantación para alentar a las raíces a extenderse bien. Cava el suelo y elimina las malas hierbas. Evita agregar materia orgánica, ya que continuará descomponiéndose después de la siembra y podría hacer que el área de plantación se «hunda», lo que provocará que las raíces desciendan más abajo de lo que deberían. Agrega materia orgánica como mantillo alrededor del árbol plantado (p. 149). Si se trata de arcilla muy pesada o suelo arenoso, elige árboles que prosperen en estas condiciones. El suelo arcilloso puede ser más apto si se desmenuza con un tenedor.

Cómo plantar un árbol

La técnica de plantación difiere poco para los árboles de raíz desnuda y los de contenedor. La profundidad del suelo, el tamaño y la forma del hoyo de siembra, y los requisitos de riego son los mismos, independientemente de cómo y cuándo se plante.

1 Remoja las raíces antes de plantar. Para un árbol de raíz desnuda (véase la imagen), retira la envoltura y coloca las raíces en agua durante al menos 30 min antes de plantar. Remoja los árboles cultivados en maceta para que el cepellón esté saturado.

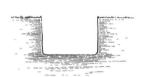

2 Prepara el hoyo cavando un agujero cuadrado que sea más ancho, pero no más hondo, que el cepellón. Los agujeros cuadrados ayudan a que las raíces se propaguen por las esquinas. Pincha ligeramente tanto la base como los lados del hoyo.

3 Retira el árbol del contenedor si viene en uno (véase la imagen). Retira con delicadeza las raíces del árbol cultivado en maceta que rodeen el interior de la maceta. Corta las raíces dañadas de los árboles cultivados en maceta o de raíz desnuda.

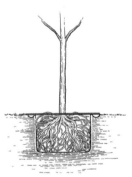

4 Coloca el árbol disponiéndolo en el hoyo de siembra, asegurándote de que la parte superior del cepellón, o marca de la base del tallo de los árboles con raíz desnuda, se asiente al nivel de la superficie del suelo: coloca un bastón sobre el hoyo para ayudarte.

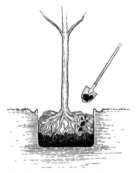

5 Rellena alrededor del cepellón con tierra, sacudiendo el árbol con cuidado para que la tierra se asiente alrededor de las raíces y regando mientras rellenas. Presiona la tierra con cuidado con el talón para que las raíces y la tierra queden en contacto.

6 Si estacas el árbol, elige un tutor resistente. Introdúcelo en el suelo en un ángulo de 45°, con cuidado para evitar las raíces. Para terminar, fija la estaca al tronco del árbol a un tercio de la altura del árbol mediante un lazo ajustable.

¿Es necesario estacar el árbol?

Casi todos los árboles recién plantados necesitan tutor. Esto evita que los mueva el viento y eso dañe las raíces, reduciendo la cantidad de nutrientes y agua que pueden absorber, y haciendo que el árbol pueda volcar.

Hay varios métodos para apuntalar el árbol. En la mayoría de casos, una sola estaca unida al árbol a un tercio de su altura es suficiente. Asegúrate de que la estaca esté hundida 60 cm (24 in) en el suelo para que no se mueva. Inserta la estaca en el lado del viento predominante para que el árbol no se desplace hacia ella.

Evitar daños de animales

Dependiendo de dónde vivas, es posible que debas proteger tus plantas frente a los animales. Los ciervos y las ardillas grises pueden dañar la corteza de un nuevo árbol y matarlo. Los conejos también se comen la corteza de los arbolitos y causan problemas. Otros mamíferos, como los topillos, pueden mordisquearla, aunque es poco probable que la dañen demasiado. Los protectores a prueba de mamíferos pueden prevenir el peor daño.

Plantar en maceta

Algunos árboles, como los manzanos enanos, el arce japonés y los olivos, crecen bastante bien en macetas. Elige la más grande posible para tu espacio y usa un compost a base de marga y sin turba, como el John Innes N.º 3. Agrega compost hasta llenar un tercio de la maceta. Coloca el árbol en la maceta, sobre el compost, para ver cómo quedará: debe estar al mismo nivel al que crecía en el suelo. Cuando estés satisfecho con la profundidad, rellena con compost y riega bien. Véase la p. 153 para el cuidado de un árbol en maceta.

Plantar un seto

Los setos se pueden plantar en filas simples o dobles, dependiendo del espacio y de lo denso que se quiera el seto.

Después de plantar

Puedes plantearte agregar mantillo orgánico alrededor del árbol después de plantar y regar. Usa compost de jardín, corteza compostada o virutas de madera, o bien estiércol animal. Simplemente aplica una capa gruesa en la base del árbol, pero no contra el tronco. Esto no solo preservará el agua y suprimirá las malas hierbas, sino que también alimentará al árbol recién plantado, además de los microbios del suelo, como bacterias y hongos, que a su vez ayudan al crecimiento de los árboles. Riega bien el árbol; luego mantenlo regado en períodos secos durante al menos el primer año.

Elegir un frutal

Hay frutales disponibles en muchas formas y tamaños, por lo que es posible elegir uno que se adapte a tu espacio, desde un árbol de gran envergadura hasta uno que crezca contra una cerca o prospere en una maceta. El tamaño está controlado por el portainjerto, mientras que la forma se puede determinar mediante poda. Investiga un poco antes de comprar para elegir el árbol más adecuado.

Los árboles frutales se venden con diferentes edades y tamaños, según el modo en que se cultivarán. Un «plantón» cuenta hasta 1 año de edad y 1 m (3 ft) de altura, con un tallo central y pocas o ninguna rama. Un «plantón ramificado» tiene más edad y mide hasta 2 m (6½ ft), con ramas laterales. Un «plantón injertado» generalmente se crea por injerto (véase Portainjertos). Un plantón injertado ramificado es de más edad, con 6 ramas. Por su parte, un frutal en vaso tiene 2-3 años y se ha podado para formar varios troncos principales. Para cultivarlo como estándar, un frutal en vaso de 2-3 años con poda formativa hecha es ideal. No obstante, si lo que buscas es un árbol emparrado (véase la página siguiente), elige un plantón o un plantón injertado, más fáciles de podar en la forma que desees.

Portainjertos

Algunos árboles se injertan en el sistema de raíces de otro árbol, conocido como portainjerto. Así se controla el crecimiento y el vigor del árbol, de modo que crece menos (o a veces más fuerte) que en sus propias raíces. Esto es útil para formar un árbol y necesita un crecimiento menos vigoroso. Un portainjerto puede mejorar la resistencia a las enfermedades y también controlar cuándo y cuánto fructifica un árbol. Algunos son mejores para árboles en maceta y se usan para frutales y plantas ornamentales.

Con nombres como «enano» y «semienano», tienen un código (en Gran Bretaña, suele ser M o MM). Otros portainjertos son el Quince, el Gisela y el Colt. Uno de los más populares es el MM106 (semienano), para manzanos. Se proporciona orientación sobre portainjertos en las fichas de frutales (pp. 64-77).

Polinización

La mayoría de frutales los polinizan insectos, como las abejas. Algunos, incluidos manzanos y perales, necesitan un «socio de polinización» para el desarrollo de la fruta, es decir, simplemente otro árbol del mismo género que florece al mismo tiempo, para permitir que ocurra la polinización cruzada. Verifica estas necesidades al comprar tu frutal; en tu centro de jardinería especializado te asesorarán.

Árboles frutales no emparrados

Un estándar es un frutal de forma típica con un tronco y ramas desnudos que mide más de 2 m (6½ ft). Un espécimen de hasta 4 m (13 ft) de altura impacta, pero crecerá muy lentamente. Un estándar se cultiva mejor en M9 para manzano pequeño, o MM111 o M25 para árboles más grandes, Quince A para peral, Colt para cerezo o ciruelo, y St Julien A para melocotonero.

Frutales con formación

Abanico y espaldera Estos atractivos árboles se guían en forma de abanico o, para espaldera, con ramas horizontales. Empárralos en una cerca o pared o a lo largo de cables para marcar un límite. Hacer crecer el árbol contra una superficie vertical, con las ramas expuestas, permite que el sol alcance y madure los frutos más fácilmente. Hay que podar el abanico o espaldera anualmente (pp. 160-161). Se cultiva mejor en un portainjerto enano o semienano, como el MM106 o M9 para manzano, el semivigoroso St Julien A para ciruelo, el Gisela 5 y Colt para cerezo, el Quince A para peral y el Torinel para melocotonero.

Árbol miniatura Es el frutal más pequeño, de crecimiento bajo, ideal para bordear márgenes y caminos. Se cultiva mejor en M27 para manzano, Pixy para ciruelo y Quince C para peral.

Poda en cordón Sirve para guiar un arbolito, generalmente plantado en fila, para obtener un frutal en seto. Se cultiva en un tallo con ramas laterales cortas y debe plantarse a 0,75-1 m (2½-3 ft) de otros en la fila, y debe atarse a alambres de soporte. Se cultiva mejor en un portainjerto enano, M9 para manzano, Pixy para ciruelo y Quince C para peral.

Apoyar un árbol emparrado

Al guiar un árbol, te comprometes a podarlo regularmente para mantener la forma (pp. 160-161). Apoyarlo también es clave: incluso los que crecen contra una pared o contra una cerca deben atarse a un soporte (como por ejemplo, alambres o cañas de bambú) durante los primeros años.

Cuidados del árbol

En última instancia, un árbol no necesita mucho cuidado, pero en los primeros años hay que vigilarlo de cerca para asegurarse de que crezca bien. Si está cultivado en maceta, precisará cuidados adicionales en cuanto a riego, abono y recebo, pero todos los árboles recién plantados necesitan riego en condiciones secas. Revisar el tutor de vez en cuando también es importante.

Al igual que cualquier planta de tu jardín, quieres que a tu árbol le vaya bien. Obsérvalo regularmente, evalúa lo que necesita y proporciónaselo. Así crecerá de maravilla.

Regar un árbol plantado

Los árboles maduros tienen sistemas de raíces extensos, ayudados por hongos, que les permiten extraer agua del suelo. Los sistemas de raíces a menudo son tan anchos como la copa del árbol, y algunos se extienden muy por debajo de la superficie del suelo, donde aprovechan una fuente de agua que por lo general no está disponible para otras plantas.

Un árbol recién plantado aún no tendrá un sistema de raíces establecido, por lo que necesitará tu ayuda. Es buena idea regar cada pocas semanas hasta 2 años después de plantar. Esto favorecerá el desarrollo de un buen sistema radicular. No lo pienses demasiado: riega semanalmente los primeros 6 meses (más si el suelo es arenoso o las condiciones son muy secas y soleadas), asegurándote de que el suelo alrededor del árbol quede completamente empapado cada vez. Reduce a cada 2 semanas o 1 mes a medida que el árbol crezca, y ten en cuenta las estaciones: no riegues en absoluto en invierno y vigila antes de regar a principios de primavera, cuando el suelo a menudo está frío y húmedo. Es posible regar en exceso, cosa que producirá raíces cerca de la superficie del suelo, algo que hará más vulnerable el árbol a la sequía y más propenso a caerse con fuertes vientos. Revisa el suelo si crees que tal vez estás regando demasiado. Con una pala, excava hasta una profundidad de 5 cm (2 in). Si el suelo está seco y polvoriento, riega. Por el contrario, si está húmedo, pospón el riego otra semana.

Abono
La mayoría de árboles no necesita abono regular, pero un acolchado anual de estiércol bien podrido o bien compost de jardín le proporciona un impulso de nutrientes de liberación lenta. Para obtener los mejores resultados, riega antes de acolchar, de esa manera la nueva capa conservará la humedad, además de alimentar el suelo.

Eliminar malas hierbas
Mantén un diámetro de 1 m (3 ft) alrededor del árbol libre de malezas, que pueden crecer y sofocarlo, en especial si es un retoño, al competir con él por el agua y los nutrientes. Una enredadera puede cubrir un árbol joven y causar que el crecimiento se distorsione. Algunos portainjertos (en general, para espaldera, miniaturas y frutales cultivados en maceta, como el M27 y el M9 para manzanos, el Quince C y Quince Eline para peral, el Pixy para ciruelos y el Gisela para cerezos) necesitan suelo libre de malezas y hierbas para crecer bien. Para estos, deberías mantener el suelo desnudo alrededor del tronco durante toda su vida o acolcharlo regularmente para suprimir el crecimiento de malezas.

Comprobar el tutor
Los árboles recién plantados se estacan para evitar que los zarandee el viento, rasgando nuevas raíces e impidiendo que se establezcan bien. Se pueden tardar 2 años para que un árbol se ancle en el suelo. Vale la pena vigilar el tutor, ya que puede aflojarse y dejar de sujetar el árbol. También hay que recordar que conviene aflojar la atadura a medida que el árbol crece, para evitar daños por frotamiento en el tronco. Si usas un protector, revísalo para cerciorarte de que no esté cortando el árbol o que no se haya soltado, y deséchalo de manera responsable cuando ya no sea necesario.

Cuidar de un árbol en maceta
Algunos árboles crecen bien en macetas, pero ten en cuenta que sus raíces están expuestas a una cantidad limitada de tierra, agua y nutrientes, junto con hongos, bacterias y microbios que ayudan al crecimiento de los árboles. Esto significa que habrás de regar más a menudo, incluso si llueve. Para mantener el suelo fresco y reponer algunos nutrientes, cada primavera raspa la capa superior de compost y sustitúyela con un recebo de compost fresco a base de marga. Agrega una dosis quincenal de abono líquido en primavera y verano, sobre todo para los frutales.

Plantas próximas al árbol

Quizás te contentes con plantar solo el árbol en tu jardín, y dejarlo como centro de atención sin que nada crezca a su alrededor. Eso está bien, pero también puedes plantar arbustos y plantas alrededor del árbol para crear un hermoso conjunto, que no solo añade interés, sino que además proporciona hábitats adicionales para la fauna silvestre, absorbe más carbono y ayuda a prevenir inundaciones.

Dos opciones para tu árbol son hacerlo parte de un margen (forestal) soleado o uno sombreado, donde creará junto con los arbustos y plantas perennes un hábitat cambiante a través de las estaciones. Elige bien y los arbustos y perennes florecerán o fructificarán en épocas del año diferentes del árbol, y ofrecerán una temporada más larga de interés.

Si el árbol es de hoja caduca, cultiva un arbusto de hoja perenne cerca que llame la atención en invierno. Si tu árbol florece en primavera, elige plantas perennes que florezcan en verano. Si tu árbol exhibe colores otoñales vistosos, elige plantas con un aspecto más sencillo en esta época del año, que actúen como el telón de fondo perfecto para su exhibición, o de colores complementarios que destaquen los tonos otoñales del árbol. Las plantas trabajan juntas por encima y por debajo del suelo, compartiendo nutrientes e información, pero con un poco de ayuda por tu parte, se pueden juntar para conseguir algo especial. Puedes añadir cajas nido para pájaros y abejas para mejorar el atractivo del jardín para la vida silvestre (p. 162).

Recuerda que el árbol absorberá una buena cantidad de agua y, por lo tanto, el suelo estará más seco aquí que en otras partes del jardín. También la copa del árbol proyectará sombra. Incluso en un borde soleado, necesitarás algunas plantas tolerantes a la sombra y capaces de hacer frente a condiciones de suelo más secas de lo habitual.

Plantas para un margen forestal
Un área fresca y sombreada es el lugar ideal para un margen forestal. Los árboles adecuados para ello incluyen el

abedul (pp. 108-109), el espino albar (pp. 84-85), el arce japonés (pp. 126-127), el guillomo nevado (p. 55), el helecho arbóreo (p. 59) y también el cornejo (pp. 90-91).

Debajo, puedes plantar arbustos tolerantes a la sombra, como la bola de nieve (*Viburnum opulus*), el bonetero (p. 101) y el acebo (pp. 80-81), y plantas herbáceas como el sello de Salomón (*Polygonatum × hybridum*), la astilbe, la silene, la dedalera (*Digitalis*), helechos y hostas, y perennes bajas, como eléboros, prímulas, nemorosas (*Anemone nemorosa*) y aspérulas olorosas (*Galium odoratum*). En primavera, añade bulbosas, como campanillas (*Leucojum*) y tablero de damas (*Fritillaria meleagris*), mientras que las de floración otoñal, como la anémona del Japón (*Anemone hupehensis*), tolerarán sol filtrado.

Plantas para un margen soleado

Existe una amplia gama de plantas para cultivar al sol y bajo sombra moteada. Los árboles más adecuados son el manzano silvestre (pp. 56-57), la mayoría de frutales, el olivo (pp. 60-61), el madroño (pp. 98-99), el árbol de Júpiter (p. 87), así como el arce de papel (p. 135). Para un aspecto más exótico, una palmera también es una buena opción (pp. 136-143). Entre los arbustos, la budleya, la veigela y la estepa (*Cistus*), y entre las plantas herbáceas, la nébeda (*Nepeta*), la lavanda (*Lavandula*) y otras hierbas mediterráneas, las ornamentales amapolas (*Papaver*), los agapantos y farolillos (*Campanula*) y anuales como los girasoles (*Helianthus*).

Añade colores vibrantes contra un exuberante fondo verde y no te equivocarás. Planea plantas en flor desde la primavera hasta el otoño, por sus notas alegres y valor para la fauna. Con hierbas ornamentales, como la *Stipa* y el *Miscanthus*, aporta estructura y más interés. Los mejores bulbos de primavera para las abejas son los crocos y los *Allium*, mientras que la viborera (*Echium*) atrae a gran diversidad de polinizadores. La *Verbena bonariensis*, helenios y rudbeckias proporcionarán una fuente tardía de néctar y polen.

Cómo plantar el margen

Puede costar que las plantas se establezcan inmediatamente alrededor de los árboles, ya que los niveles de luz y humedad del suelo serán menores, pero plantar a 1-2 m (3-6½ ft) del tronco lo facilita. Las plantas suelen crecer mejor en el lado soleado del tronco de un árbol. Planta en otoño para resultados óptimos, y presta atención a las profundidades de siembra y las especificaciones y consejos de las etiquetas.

Podar el árbol

Muchos árboles necesitan poda en algún momento, pero tal vez te sorprenda saber que, a excepción de los frutales, la mayoría se pueden dejar crecer, con una poda mínima. Sin embargo, una poda rápida una vez al año mantendrá sano el árbol y conservará la forma. Aprovecha la oportunidad para revisar el árbol en busca de signos de plagas y enfermedades para prevenir problemas a largo plazo.

La mayoría de las podas rutinarias implican el uso de técnicas para limitar el tamaño del árbol, mejorar su forma o, en el caso de los frutales, animar la producción de yemas florales (y frutales) (pp. 160-161). La poda para eliminar tallos cruzados, muertos o dañados también vale la pena, y prolonga la salud del árbol. En algunos casos (afortunadamente raros), habrá que podar para eliminar una infección, como el cancro (p. 166) o el estéreo purpúreo (p. 167).

Cuándo podar

Los caducifolios se acostumbran a podar en invierno, ya que es más fácil ver lo que se está haciendo y evaluar la forma general. Son excepciones los caducifolios tiernos, que se podan mejor a fines de la primavera, y los frutales de hueso (cerezos, albaricoqueros, melocotoneros, ciruelos y nectarinos), que se podan en verano para prevenir la infección de la hoja plateada y el cancro bacteriano. Algunos árboles, como el nogal (*Juglans regia*) y la morera negra (p. 77), sangran mucho (exudan savia de la herida de poda), por lo que deben podarse en ciertas épocas del año para evitar daños a largo plazo.

Si bien es menos probable que necesiten poda, hay que podar los perennifolios en primavera, antes de que inicien el crecimiento, aparte de los pinos, que se podan en verano.

Preparar la poda

Antes de podar, verifica si el árbol está sujeto a una orden de preservación arbórea o si el se encuentra en un área de conservación, donde incluso los árboles recién plantados están protegidos. Es posible que primero necesites permiso del ayuntamiento.

Por seguridad, siempre revisa el árbol antes de comenzar, en especial los árboles más viejos. Necesitarás guantes gruesos, gafas protectoras y un casco para trabajar con árboles maduros, dado que las ramas podrían caer o entrarte serrín en los ojos. Los árboles jóvenes presentan menos riesgo. En caso de duda, contrata a un jardinero para que realice el trabajo.

Utiliza siempre tijeras, podadoras y sierras de podar bien afiladas para asegurar los cortes más limpios. Si manipulas material vegetal enfermo, limpia las herramientas con una solución antibacteriana y antifúngica para evitar la propagación de la infección.

Poda de un caducifolio

Cuando plantes un árbol tal vez necesites realizar una poda para fomentar el desarrollo de una buena forma inicial. Muchos árboles cultivados en viveros ya habrán recibido alguna poda formativa y simplemente deberás mantenerla.

Sin embargo, si cultivas un árbol a partir de un plantón muy joven, tendrás que podarlo para que desarrolle una buena forma, con un tronco limpio y una copa bien ramificada. Elimina los brotes laterales del tercio inferior del árbol para fortalecer el tronco, luego

---

Cómo practicar cortes de poda
Realiza cada corte con cuidado para reducir el riesgo de infección y mantener el árbol con la forma deseada.

Cortar sobre una yema
Practica un corte limpio justo encima de un brote, en ángulo alejado del brote para que la humedad no se acumule en la herida. No dejes demasiado tallo por encima, ya que este morirá y atrae enfermedades.

Cortar hasta el tallo o tronco
Al eliminar un brote joven, córtalo a ras del tallo con un corte limpio para que la corteza sane bien.

corta a la mitad todos los brotes laterales en medio del tallo. Deja los que están en la parte superior para formar el marco de ramificación inicial.

En la página siguiente, observa los métodos y principios básicos de la poda regular. Obtén consejos detallados para árboles específicos en un libro de poda o internet.

Podar un árbol maduro

Quizás heredes un árbol que necesita una poda para remodelarlo o reducir su tamaño. Esto suele hacerse para aclarar la copa y permitir la entrada de la luz solar (especialmente en frutales), para elevar la copa y permitir que las personas o los automóviles transiten por debajo, o para reducir la altura del árbol. Ten en cuenta que una mala poda puede afectar la estabilidad de un árbol maduro o su estética, y es mejor recurrir a profesionales.

Podar un perennifolio

Los perennifolios necesitan una poda mínima: para eliminar ramas muertas, enfermas o rotas, con cuidado de mantener la forma del árbol. Poda justo antes de que recomience el crecimiento en primavera, con tijeras de poda para abordar una rama a la vez. La excepción a esta regla son los pinos, que deben podarse durante el crecimiento activo para que desarrollen nuevos brotes a tiempo para el año siguiente.

Las tijeras de dos manos crean un aspecto uniforme y formal que es mejor para los árboles de hoja perenne. Para usarlas, espera hasta finales de la primavera para que el crecimiento haya comenzado, y así los cortes sanarán rápido. La mayoría de coníferas solo echan brotes de madera nueva, por lo que deben podarse estos brotes. La poda de madera vieja da como resultado manchas marrones antiestéticas que nunca rebrotarán.

Podar una palmera

Las palmeras son de bajo mantenimiento y no necesitan poda, pero es deseable eliminar hojas de vez en cuando. Hazlo desde finales de primavera hasta verano, retirando las hojas colgantes, muertas o de aspecto insalubre. No elimines las frondas verdes, especialmente las nuevas, ya que puedes estresar al árbol.

Podar un seto

Los setos necesitan un recorte regular, hasta 2 veces al año si son decorativos, pero lo ideal es cada 2 años para setos con vida silvestre, para evitar eliminar los huevos de algunas especies de polillas. Recuerda que es ilegal perturbar los nidos de aves, de modo que debes revisar el seto bien antes de recortarlo.

Poda general

Si bien la mayoría de los árboles ornamentales necesitan poca poda, algunos (en especial los frutales) pueden precisar una anual para mantener la forma. Antes de comenzar, calcula lo que quieres lograr. Conviene darles una forma abierta para que la luz y el aire lleguen a todas las ramas.

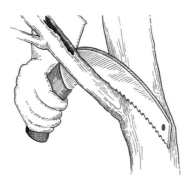

Rama dañada
Elimina las ramas dañadas cortando justo por encima del cuello, el área hinchada de la base de la rama, donde se forma una cicatriz más fácilmente y se favorece la curación.

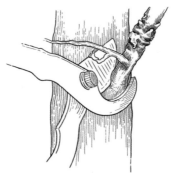

Rama enferma
Corta las ramas enfermas a ras del tronco, asegurándote de no cortar el cuello de la rama. Cerciórate de que cortas madera saludable.

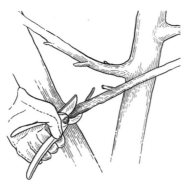

Ramas cruzadas
Retira las ramas que se crucen y puedan rozarse y causar heridas, que debilitarían el árbol y lo harían más susceptible a las enfermedades.

Eliminar chupones
Tira de los chupones de la base del árbol a mano, o córtalos a ras de suelo con tijeras. Los retoños de un pie injertado pueden ser de una especie diferente al árbol.

Para los setos de tejo, al inicio acorta solo las ramas laterales, para fomentar un hábito de crecimiento más denso. Espera hasta que el seto alcance la altura deseada antes de cortar las puntas de crecimiento, ya que recortarlas puede detener el crecimiento durante 1-2 años, de modo que la planta tardaría mucho en establecerse.

Podar un frutal aislado

Los frutales deberían podarse cada año para mantenerlos sanos y obtener una mayor cosecha. Los que no se podan son menos productivos con el tiempo y pueden congestionarse.

Manzanos y perales Poda los manzanos y perales independientes cuando estén inactivos en invierno, tras la caída de las hojas y antes del nacimiento de brotes. Trata de crear una forma abierta o caliciforme con cuatro o cinco ramas principales. Acorta el crecimiento de la temporada anterior en un tercio, hasta un brote orientado hacia afuera, para que el árbol conserve una forma abierta.

Manzanos y perales se podan en función de dónde se formen las yemas fructíferas que, como indica su nombre, son las que florecerán y producirán frutas. Los frutales son: de espolo-

Identificar yemas fructíferas

Al igual que los árboles ornamentales, los frutales deben podarse para eliminar ramas muertas, enfermas o cruzadas. Pero también para maximizar la productividad. Aprende a identificar los brotes fructíferos para adaptar la poda a tu tipo de árbol.

Los espolones frutales sacan brotes fructíferos en madera de más de 2 años, y pueden identificarse como brotes nudosos que crecen más juntos que los brotes de hojas, más pequeños.

Las yemas terminales fructíferas aparecen en las puntas de los brotes de 1 año y son más desaliñadas que los espolones. Las yemas terminales parciales fructifican en las puntas y los espolones.

PLANTAR, PODAR, CUIDAR

nes frutales, de yemas terminales fructíferas parciales y de yemas terminales frutales (véase la página anterior). La mayoría de los cultivares de manzano y peral actuales son de espolones frutales, y si conoces tu árbol, podrás podarlo para maximizar el potencial de fructificación.

En los de espolones frutales, hay que procurar que los espolones queden espaciados de manera uniforme. Si están congestionados, acláralos para dejarlos a 10-15 cm (4-6 in) de distancia entre ellos. El resultado será un árbol equilibrado con mucha luz para madurar los frutos y espacio para que circule el aire, cosa que lo protegerá de las enfermedades.

En los de yemas terminales, se debe tener en cuenta que cualquier poda que implique acortar las puntas reducirá el rendimiento. Deja las ramas a menos de 20 cm (8 in) de longitud y acorta las más largas a unos 4-5 brotes, además de sacar frutos de esos brotes: estos tallos cortados desarrollarán nuevos brotes que fructificarán el año siguiente.

Ciruelos y cerezos Estos frutales independientes no requieren tanta poda como los manzanos y perales, pero aun así se benefician de la poda formativa y del aclarado de la madera vieja. Las ciruelas y otras frutas de hueso como las cerezas y los albaricoques se podan a principios de primavera o mediados de verano para evitar la infección por estéreo purpúreo.

Los árboles de menos de 3 años deben podarse a fines de la primavera cuando sacan brotes o cuando el árbol empieza a florecer. Acorta los tallos alrededor de un tercio y elimina las ramas dañadas, enfermas y cruzadas, con el objetivo de dar forma abierta a la copa y maximizar el flujo de aire y garantizar que el sol llegue a la fruta.

Podar un frutal emparrado

Los frutales a espaldera, en abanico y cordón necesitan podarse en verano e invierno para mantener una buena forma y fructificación. La poda de verano, a partir de agosto, implica eliminar el nuevo crecimiento más allá de la fruta madura. Las técnicas exactas de poda y los tiempos difieren en función de la edad del árbol. Por ejemplo, los árboles jóvenes (hasta 3 años) a menudo precisan una poda formativa específica para garantizar un buen crecimiento.

Siempre busca consejos de poda profesionales antes de realizarla en frutales emparrados para asegurarte de que sea el momento adecuado del año para el tipo de árbol y de que podes el material correcto.

Sacar todo el provecho de los árboles

Ya sea el árbol de tu jardín o los árboles comunitarios, hay que aprovecharlos al máximo para maximizar los beneficios para la comunidad y la fauna silvestre, y para ti y otros. Una vez plantado el árbol, puedes anotar y conocer los demás árboles de la zona. Si perteneces a alguna agrupación, habrá toda una red de árboles para explorar.

Las actividades centradas alrededor del árbol pueden variar desde alimentar a las aves hasta pasear por la naturaleza u organizar eventos anuales.

Atraer más pájaros

Cuelga comederos de ramas fuertes, con una bandeja debajo para que las semillas no se derramen en el suelo (eso puede atraer ratas). Elige mezclas de semillas de alta calidad y semillas de girasol, con sebo y cacahuetes agregados a la mezcla en invierno. Limpia el comedero regularmente para evitar que las aves propaguen enfermedades y rellénalo cuando sea necesario, nunca dejes que se forme moho.

Los árboles de la zona también se pueden usar para colgar comederos para pájaros. Consulta con el ayuntamiento o asociación de vecinos. Si colocas un comedero en un árbol comunitario, tal vez puedas pedir a otros que contribuyan al pago de las semillas y el mantenimiento.

Las cajas nido pueden proporcionar hogares para las aves antes de que el árbol desarrolle agujeros naturales de anidación. No la claves en el árbol; usa alambre para fijarla al tronco y revisa el cable cada año para asegurarte de que no dañe la corteza.

Elaborar tierra de hojas

En la naturaleza, las hojas caen al suelo y se descomponen, devolviendo gradualmente los nutrientes al árbol. Al conservar las hojas, dejarlas podrir y luego usarlas como mantillo, se imita este proceso natural. La tierra de hojas es un recurso fantástico. Se trata en esencia de material foliar descompuesto, ayudado por hongos en lugar de bacterias (como en el compostaje convencional), y contiene acondicionadores de suelo y oligoelementos que ayudan al jardín a crecer mejor. Posee muchos usos, por ejemplo, como mantillo o como ingrediente para el compost casero para macetas.

Con el fin de conseguir los mejores resultados, solo hay que recoger las hojas en un contenedor, caja a medida o en una bolsa de plástico con algunos orificios pequeños para ventilación (las bolsas de compost viejas funcionan bien) y dejarlas entre 1-3 años. Luego, distribuye esa tierra de hojas por el jardín.

Las hojas de todos los caducifolios sirven para la tierra de hojas, pero se descomponen a diferentes velocidades. Las hojas delgadas y mates, como las de abedul, avellano, fresno y olmo, se descomponen en menos de 12 meses, mientras que las hojas cerosas, como las de roble y plátano, tardan hasta 3 años. Las de perennifolios y las agujas de las coníferas tardan mucho más y ayuda picarlas primero.

Si formas parte de un grupo u organización local de «amigos del parque», puedes proponer días de recolección de hojas para rastrillar y almacenar las del suelo del parque. Al cabo de 1 año serán útiles como mantillo para el parque, o al cabo de 3, en mezclas para macetas.

Actividades vecinales

Incluye los árboles de la comunidad en un recorrido por la naturaleza local, con letreros para identificar aves y otros animales. Es posible que puedas obtener permiso para dejar que la hierba crezca más alrededor de los árboles, con el fin de crear pequeños prados para mejorar la biodiversidad. Podrías organizar búsquedas de huevos de Pascua centradas en los árboles y eventos infantiles de identificación y dibujo. Si existe un minihuerto vecinal, podrías organizar días de cosecha y poda. Lleva a tus vecinos a observar aves y murciélagos: te sorprenderá la cantidad de fauna que usa los árboles que plantaste.

Recursos

Para ayudar con la identificación de árboles locales e interactuar con el barrio, descárgate una aplicación de identificación de árboles o adquiere un libro sencillo (por ejemplo, una guía como la que figura en la p. 169). Una vez que conozcas tus árboles, podrás centrarte tanto en las aves como en otras especies que los usan. Existe todo un mundo ahí fuera para explorar y descubrir: comienza por tu jardín o parque local y ve tirando del hilo, luego ¡nunca se sabe a dónde te llevarán tus nuevos conocimientos!

Solución de problemas

Las plagas y enfermedades son un problema común para los frutales y algunos árboles de hoja caduca, y el cambio climático trae nuevos desafíos. Tanto las plagas como las enfermedades son parte de la vida, y muchos árboles pueden vivir con ellas (aunque tal vez no con tanto vigor). Pero en ambos casos, es posible que a veces debas ayudar a tu árbol a lidiar con el problema.

En esta sección mencionaré algunas plagas y enfermedades particularmente extendidas o dañinas, para que las reconozcas si afectan a tu árbol.

Plaga y enfermedades en el jardín

En jardinería, «plaga» describe cualquier cosa que daña las plantas, desde caracoles y babosas hasta tronchabrotes, pulgones, hormigas y trips, orugas de polillas y larvas de minador de hojas. La mayoría no solo son parte del ecosistema, sino de la cadena alimentaria, y resultan esenciales para la supervivencia de otras especies como las aves. A excepción de las babosas y los caracoles, el «daño» que causan suele ser mínimo: no hay necesidad de controlarlos. Sin embargo, a veces, cuando crecen en un ecosistema con pocos depredadores como aves y avispas, estas «plagas» pueden multiplicarse más rápido de lo habitual. Una plaga, en mi opinión, solo lo es cuando está presente en cantidad suficiente para causar un daño real. Como cultivadora de manzano, sé que algunas de mis frutas presentarán túneles de polilla, así que las abro antes de comerlas y las como desechando los túneles. Así es como manejo la «plaga».

Hay un número creciente de insectos invasores que han llegado a nuestros jardines y no tienen depredadores naturales que los mantengan bajo control. Unos pocos llegaron por su propia voluntad, pero la mayoría fueron importados accidentalmente en madera o plantas vivas de otros países. Las especies de climas más cálidos no suelen sobrevivir a inviernos fríos, pero con el cambio climático, algunas lo están logrando y más lo harán en el futuro.

Los mamíferos y las aves también se consideran a veces como plagas. Los ciervos, ardillas y conejos pueden dañar la corteza y llegar a matar árboles jóvenes. Lo mejor para evitarlo es usar un protector (p. 149). Las aves se consideran plagas por comer cultivos frutales como las cerezas. Algunos jardineros envuelven sus cerezos, pero yo prefiero compartir mi cultivo con ellos, ya que hay suficiente para todos.

Muchos árboles pueden vivir con cierto nivel de infecciones. Sin embargo, han llegado enfermedades nuevas en los últimos años, debido a la importación de plantas y madera, con consecuencias devastadoras. Muchas más enfermedades, que los expertos están vigilando, podrían llegar a nuestros jardines en los próximos años. En las siguientes páginas, describo las plagas y enfermedades más comunes, agrupadas por la parte del árbol con mayor probabilidad de verse afectada.

Plagas y enfermedades que afectan a las hojas y ramillas

Pulgones Hay muchas especies de afidios, que chupan la savia de los árboles y otras plantas. La mayoría hacen poco daño al árbol, y se los comen diversas aves, incluidos los gorriones. Los áfidos de los árboles chupan la savia y excretan una sustancia azucarada llamada mielato. El mielato puede atraer el negreo, que recubre las hojas y puede inhibir la fotosíntesis, debilitando el árbol. El pulgón lanígero es llamativo ya que se esconde bajo pelusa blanca y cerosa. Se encuentra en manzanos ornamentales, arbustos de *Cotoneaster* y *Pyracantha*. Los tallos afectados a veces desarrollan abultamientos en la corteza, que pueden abrirse en invierno y crear heridas que exponen al árbol a infecciones por hongos.

Polilla del boj (*Cydalima perspectalis***)** Originaria de Asia Oriental, se encontró por primera vez en Europa a principios de la década pasada. Las orugas comen boj y causan una defoliación severa. Esta plaga es la razón por la que no encontrarás el boj en las páginas de fichas de árboles.

Minadora del castaño de Indias (*Cameraria ohridella***)** Esta polilla es originaria de Europa meridional y pone huevos en las hojas del castaño de Indias. Las larvas perforan las hojas, que caen. En grandes cantidades, y durante varios años, debilita los árboles, pero hay pruebas de que los herrerillos están empezando a comerlas.

Procesionaria del roble (*Thaumetopoea processionea***)** Originaria del sur de Europa, se alimenta exclusivamente del roble. Las orugas se agrupan en forma de flecha en los troncos de los robles, y a veces se pueden ver moviéndose entre los robles. Forman grandes nidos en los troncos y ramas grandes. Las orugas están cubiertas de pelos blancos que pueden causar dificultades respiratorias en los humanos. Si encuentras esta polilla en tu jardín o en otro lugar, notifícalo a las autoridades.

Cancro bacteriano (*Pseudomonas syringae*) Se trata de una enfermedad común de los tallos y hojas de *Prunus*, especialmente ciruelos y cerezos, pero también albaricoqueros y melocotoneros. Causa parches hundidos de corteza muerta, que rezuma goma, y agujeros en las hojas. Los árboles pueden vivir con el cancro durante años, pero los casos graves pueden matarlos. Usando las herramientas más limpias y afiladas, puedes cortar el cancro de la rama. Poda de nuevo a unos 10-15 cm (4-6 in) de la zona afectada, en madera sana. Desinfecta las herramientas después, para evitar que se propague la infección.

Plagas y enfermedades que afectan los frutos

Carpocapsa (*Cydia pomonella*) Las orugas de esta polilla perforan manzanas y peras en verano. El orificio de salida suele ser visible, pero el daño es más obvio cuando se abre la fruta y se ve el túnel.

Podredumbre parda (*Monilinia laxa, M. fructigena*) Esta enfermedad fúngica afecta a manzanos, perales, ciruelos, cerezos y algunos árboles ornamentales, causando manchas marrones y podredumbre en la fruta. A medida que los frutos maduran, desarrollan estas manchas, a menudo con pústulas blancas. La mejor manera de controlar el hongo es evitar que pase el invierno. Retira toda la fruta infectada en otoño, y échala al contenedor de restos orgánicos del ayuntamiento o entiérrela a más de 1 m (3 ft) de profundidad.

Enfermedades que afectan a todo el árbol

Podredumbre blanca de la raíz (*Armillaria* spp.)
Ataca y mata las raíces de las plantas leñosas y perennes, incluidos los árboles. Es bastante común y es la peor enfermedad fúngica en los jardines, aunque algunas especies son menos agresivas que otras y pueden no matar a su huésped. El síntoma más obvio es el crecimiento de hongos blancos entre la corteza y la madera, y en otoño pueden aparecer setas de color marrón claro. Se encuentran hebras negras parecidas a cordones de zapatos, llamadas rizomorfos, en los troncos de los árboles talados. Es imposible controlar estos hongos; la única forma de deshacerse de ellos es desente-

rrar y destruir las plantas afectadas, con la mayor cantidad de raíz posible.

Estéreo purpúreo (*Chondrostereum purpureum*) Esta enfermedad fúngica afecta la madera y las hojas, especialmente de manzanos, albaricoqueros, cerezos, ciruelos, espino albar, álamo y piorno precoz. El hongo suele penetrar en la madera a través de heridas de poda. Las hojas desarrollan un brillo plateado antes de que toda la rama muera. Las ramas muertas más viejas pueden mostrar cuerpos fructíferos deformados en verano, blanquecinos en la parte superior y morados en la inferior. Cuando se corta, la madera se tiñe. Las esporas infecciosas son más frecuentes en invierno, por lo que los árboles susceptibles de enfermar deben podarse en verano. Para controlar esta afección, elimina la rama afectada lo antes posible, cortándola a 10-15 cm (4-6 in) más allá del alcance de la madera interna teñida. Desinfecta las herramientas después y quema o elimina la madera infectada, ya que aún puede fructificar y liberar esporas que pueden reinfectar el árbol. No confundas esta enfermedad con la falsa hoja de plata, que platea las hojas, en general debido al frío, la sequía u otro tipo de estrés. A diferencia del estéreo purpúreo, que afecta una rama a la vez, todo el árbol está afectado y la madera no está manchada.

Grafiosis del olmo (*Ophiostoma ulmi*) Esta enfermedad fúngica fue traída accidentalmente de Canadá en la década de 1960 y se propaga por los escarabajos de la corteza del olmo. La plaga ha acabado con millones de olmos y la gestión de la misma es lo que impide que mueran más.

Decaimiento del fresno (*Hymenoscyphus fraxineus*) Originario de Asia e importado accidentalmente a Europa en la década de 1990, infecta a los árboles a través de esporas que penetran en las hojas y luego crecen dentro del árbol. Acaba por bloquear los tejidos del xilema, que transportan agua por el interior del árbol, lo cual provoca su muerte. No hay remedio. La enfermedad podría acabar con el 80 por ciento de los fresnos.

Fusariosis vascular (*Fusarium oxysporum*) Afecta a las palmeras, incluida la palmera canaria. Los síntomas son el color pardo de las frondas y la muerte regresiva de las puntas, comenzando en la base de la planta. Las palmeras pueden pasar años infectadas sin desarrollar los síntomas, pero el árbol generalmente muere. Al igual que otras enfermedades de marchitamiento, el *Fusarium* se transmite por el suelo y a menudo se propaga en los viveros. También mediante poda, así que hay que esterilizar las herramientas después de cada uso.

Apoyar proyectos de plantación de árboles

Más allá de tu comunidad, tal vez desees colaborar con otros proyectos de plantación de árboles. Ten en cuenta, sin embargo, que los proyectos de plantación pueden ser muy problemáticos, así que hace falta investigar. He aquí algunos de los escollos, así como algunas organizaciones destacadas.

Escoge bien organizaciones y proyectos: cerciórate de que no estás donando dinero para plantar árboles en terrenos alquilados, sin garantías de que permanecerán allí al finalizar el contrato de arrendamiento. En algunos países, se plantan árboles en tierras sagradas para las comunidades indígenas, que ni se tuvieron en cuenta ni fueron consultadas. El proyecto de la Gran Muralla Verde (p. 24) sólo ahora está involucrando a las comunidades locales, 15 años después de su inicio y tras morir millones de los árboles plantados.

¿Sabes si los árboles que financias se plantan de manera que contribuyan al medio ambiente, o si se plantan en hileras rectas, de poco o ningún valor para la fauna? ¿Serán atendidos para que absorban el dióxido de carbono, o se dejarán morir y lo liberarán de nuevo a la atmósfera?

Recursos

PODA RHS
rhs.org.uk/pruning
Información sobre la poda de numerosos árboles, con consejos sobre la época del año, la higiene y la maximización del potencial de fructificación.

REVISTA GARDENERS' WORLD
gardenersworld.com
Ayuda y asesoramiento sobre el cultivo y cuidado de árboles y plantas de jardín.

THE HIDDEN LIFE OF TREES
Peter Wohlleben, HarperCollins, 2015
Cómo se comunican los árboles, incluida la importancia de las redes de hongos.

THE OVERSTORY
Richard Powers, Vintage, 2018
Una novela fantástica sobre nueve americanos que se unen para impedir la destrucción de los bosques.

WHAT'S THAT TREE?
DK, 2013
Guía básica de identificación de árboles.

WOODLANDS
Oliver Rackham, HarperCollins, 2012
Una de las voces más significativas sobre árboles y bosques en la historia reciente, Oliver Rackham, documenta la importancia de árboles y bosques a lo largo del tiempo.

FRIENDS OF THE EARTH INTERNATIONAL FOREST PROGRAMME
foe.org/issues/forests/
Cómo trabaja Amigos de la Tierra para abordar las causas de la destrucción de los bosques y la marginación de las comunidades que los habitan.

GREENPEACE: PROTECT OUR FORESTS
greenpeace.org.uk/wp-content/uploads/2020/07/GP-11-14-Forests-Final.pdf
Información sobre la protección de los bosques de la entidad ambiental internacional dedicada a la conservación de bosques y otros ecosistemas.

INTERNATIONAL TREE FOUNDATION
internationaltreefoundation.org
Fundación internacional para la plantación y conservación de árboles en todo el mundo.

RAINFOREST ALLIANCE
rainforest-alliance.org
Organización benéfica dedicada a proteger las selvas tropicales del mundo.

REWILDING BRITAIN
rewildingbritain.org.uk
Cómo la renaturalización puede proteger y restaurar los hábitats del Reino Unido.

FUENTES DE INFORMACIÓN

En 2021, más de 400 estaciones meteorológicas superaron sus récords de calor:
www.theguardian.com/world/2022/jan/07/heat-records-broken-all-around-the-world-in-2021-says-climatologist

La selva amazónica emite más dióxido de carbono del que puede absorber:
www.sciencefocus.com/news/the-amazon-rainforest-now-emits-more-carbon-than-it-absorbs/

La mitad de los nuevos bosques de Gran Bretaña no han sido plantados por humanos, sino por arrendajos:
www.theguardian.com/environment/2021/jun/16/half-the-trees-in-two-new-english-woodlands-planted-by-jays-study-finds woodlandtrust.org.uk

Más del 50 por ciento de las personas viven en ciudades, y se espera que casi el 70 por ciento de la población humana del mundo viva en ciudades para 2050:
www.un.org/development/desa/en/news/population/2018-revision-of-world-urbanization-prospects.html

Un aumento global de 2 °C (4 °F) para 2050 hará que las temperaturas de la ciudad aumenten exponencialmente:
www.bbc.co.uk/news/newsbeat-48947573

Los árboles de las calles absorben menos dióxido de carbono que los que crecen en entornos más naturales:
www.frontiersin.org/articles/10.3389/fevo.2016.00053/full

Uno de cada ocho hogares británicos no dispone de jardín:
www.ons.gov.uk/economy/environmentalaccounts/articles/oneineightbritishhouseholdshasnogarden/2020-05-14

Glosario

BRÁCTEA
Hoja modificada, parecida a una flor, que crece alrededor de la flor.

BROTE
Tallo joven, nuevo, a menudo de un verde más claro que otros tallos.

CHUPÓN
Nuevo tallo que crece desde la base del árbol o portainjerto.

CIÉNAGA
Bosque húmedo donde crecen árboles adaptados a suelos pantanosos, como el abedul y el aliso.

COPA
Las ramas y el follaje de un árbol.

DETRITÍVORO
Invertebrados, como la lombriz de tierra, que come y recicla detritus del suelo.

DOMINANTE
El tallo central (o tronco) de un árbol.

DRUPA
Fruto carnoso que contiene una sola semilla, como la cereza o la aceituna.

ESCAMA
Estructura pequeña, delgada, a menudo seca, como las hojas protectoras de un brote o una lámina desprendida de corteza.

ESPOLÓN FRUTAL
Los brotes fructíferos de un árbol, en varitas de madera.

ESTÁNDAR
Un árbol que crece uniforme, de un solo tallo y copa distintiva.

EXUDACIÓN
La exudación de savia de un corte después de la poda.

FLOR DOBLE
La producida para lucir tantos pétalos adicionales que no se ve la parte central, donde está el polen y el néctar.

FLOR SIMPLE
Flor donde la parte central que contiene el polen y el néctar suele ser visible.

FLÓSCULO
Flor pequeña que forma parte de una cabeza floral.

HESPERIDIO
Fruta con secciones de pulpa dentro de una corteza, como una naranja o un limón.

INFLORESCENCIA
Un racimo de flores.

LANCEOLADO
Se utiliza para describir hojas, con forma de lanza, que se estrechan desde una base redondeada.

NERVIO PRINCIPAL
Uno de los nervios principales de una hoja.

NUDO
El punto en un tallo del cual crecerá una flor, hoja o ramilla.

PALMADO
Se utiliza para describir hojas, con forma de mano, que presentan al menos 4 lóbulos desde un solo punto.

PANÍCULA
Un racimo de flores de múltiples ramas.

PEDICELO
Tallo pequeño, generalmente unido a una fruta.

PIE
La masa de raíces en las que se injertan algunos árboles para controlar su tamaño o para protegerlos de enfermedades.

PINNADO
Se utiliza para describir las hojas con un tallo central desde donde crecen a ambos lados.

PIÑA
Suele encontrarse en los pinos y botánicamente es una masa de escamas o brácteas que contiene los órganos reproductivos.

PLANTÓN
Brote o planta sin ramificaciones, típicamente una plántula de árbol.

RAÍZ PIVOTANTE
Raíz larga y única que crece profundamente en el suelo.

RAMA
Tallo grande, maduro y leñoso.

RAMILLA
Rama incipiente.

REPOSO
Etapa de no crecimiento, típicamente en invierno pero ocasionalmente en pleno verano.

RETOÑO
Árbol joven, típicamente de menos de 2 años.

SÁMARA
Un fruto alado, que lleva una o más semillas.

SPP.
Abreviación de «especies» (plural).

TALLO
Forma el esqueleto de la planta, transporta nutrientes entre las hojas y las raíces. En los árboles maduros, las ramas y ramillas. Otros tallos, flores, hojas y frutos crecen de él.

TRONCO
Tallo leñoso principal de un árbol, generalmente cubierto de corteza, del cual crecen sus ramas.

UMBELA
Racimo plano de flores.

YEMA
Hoja o flor que todavía no se ha abierto.

Plantar por zonas

Al investigar árboles para plantar, verás que se clasifican según su robustez. A continuación, se muestra una tabla con la clasificación de resistencia (RHS) que detalla las temperaturas y condiciones para cada categoría y te dará una idea de cómo le iría al árbol en tu jardín. El libro solo incluye árboles clasificados a partir de H2.

RHS	RANGO DE TEMPERATURAS	CATEGORÍA	NOTAS
H1a-c	Por encima de 15 °C (59 °F) hasta un mínimo de 5 °C (41 °F)	Invernadero con calefacción requerido todo el año o durante parte del año	Desde plantas de interior hasta plantas de exterior aptas para el verano de climas templados y oceánicos, con temperaturas que están por encima del mínimo.
H2	1 a 5 °C (34 a 41 °F)	Sensible: invernadero frío o antiheladas	Tolera bajas temperaturas pero no sobrevive al congelarse. Se puede cultivar al aire libre una vez terminado el riesgo de heladas.
H3	−5 a 1 °C (23 a 34 °F)	Semiresistente: invernadero sin calefacción / inviernos suaves	Resistente en áreas costeras / templadas, excepto en inviernos duros; riesgo de heladas tempranas. Puede sobrevivir con protección.
H4	−10 a −5 °C (14 a 23 °F)	Resistente a inviernos promedio	Resistente en climas templados y oceánicos, excepto en ubicaciones septentrionales. Plantas en macetas más vulnerables.
H5	−15 a −10 °C (5 a 14 °F)	Resistente a inviernos fríos	Resistente en la mayor parte de Europa, incluso en inviernos severos. En riesgo en sitios expuestos, ubicaciones centrales / septentrionales y en macetas.
H6	−20 a −15 °C (−4 a 5 °F)	Resistente a inviernos muy fríos	Resistente en norte de Europa. Muchas plantas cultivadas en contenedores se dañarán si no se les brinda protección.
H7	Menos de −20 °C (−4 °F)	Muy resistente	Resistente en los climas continentales europeos más severos.

Índice

A

abedul 14, 15, 40, 41, 42, 46, 108-109, 155, 163
abedul del Himalaya 19, 37
abejas 10, 12, 15, 38, 40-41, 48
abono 153
acebo 80-81, 155
Acer spp. 126-127
    A. griseum 135
acolchado 49, 147, 149, 153, 162-163
Aesculus hippocastanum 120-121
álamo 167
albaricoquero 49, 156, 161, 166, 167
albura 32, 34
aligustre 96-97
aliso 40, 102-103
almendro 41, 112-113
Alnus glutinosa 102-103
Amelanchier lamarckii 55
amor del Canadá 125
anillos de crecimiento 34
árbol de Júpiter 37, 87, 155
árbol del hierro 62-63
árbol repollo 137
árboles a raíz desnuda 146
árboles: beneficios de los 8-9
    autóctonos y alóctonos 20-21, 45
    cómo crecen los 34
    cuándo no plantar 24-25
    cuándo plantar 146, 147
    cuidar de los 152-153
    dónde plantar 46-49
    elección de 12-13, 146-147
    evolución de los 18-19
    forma de los 18
    identificación de 163
    papel en el jardín 44-45
    partes de los 32-35
    plantar bajo los 154-155
    proyectos de plantación de 168
    y estaciones 36-37
árboles comunitarios 45, 50-51, 163
árboles con tutor 149, 151, 153
árboles cultivados en maceta 49, 146, 149, 152, 153
árboles de bayas 78-85
árboles de flor 86-93
árboles emparrados 150, 161
árboles en abanico 48-49, 151, 161
árboles en contenedor 146
árboles en cordón 151
árboles en espaldera 48-49, 151, 161
árboles en las calles 28-29
árboles grandes 114-123
árboles miniatura 151
árboles pequeños 43-63
árboles perennifolios 94-99
    hojas 19, 35, 163
    poda 156, 158
    tamaño de la copa 46
    y las estaciones 36, 37
árboles que dan semillas 100-113
arbustos 35, 37, 47, 154, 155
Arbutus unedo 98-99
arce 37, 155
    arce de papel 135, 155
    arce japonés 49, 126-127
    plantar en maceta 149
arce de papel 135, 155
arce japonés 19, 37, 49, 126-127, 149, 155
ardillas 147, 149, 165
arrendajo 25
avellano 15, 48, 104-105, 163
aves 9, 44, 45, 165
    atraer más 10, 162
    bayas y semillas 14, 15, 19, 20, 25, 41
    poda y 158, 160
    setos y 48

B

bayas 40-41, 42
Betula pendula 14, 15, 108-109
bonetero 101, 155
bosques, protección de 25
Butia capitate 142

C

caducifolios: tierra de hojas 163
    plantar con 154
    poda 156, 157-158
    raíces 47
    supervivencia de 34-35
    y las estaciones 36, 37, 42
cajas nido 162
calentamiento urbano 26, 28, 45
cámbium 34
cancro 156, 166
capa de abscisión 42
carpocapsa 166
Castanea sativa 110-111
castaño 110-111
castaño de Indias 21, 120-121
Cercis canadensis 125
cerezo 38, 40, 41, 70-71
    emparrado 49
    plagas y enfermedades 165, 166, 167
    poda 156, 161
Chamaerops humilis 139
Chondrostereum purpureum 167
chupones 159
ciervos 147, 149
ciprés 95
ciruelo 49, 65
    plagas y enfermedades 166, 167
    poda 156, 161
Citrus spp. 76

ciudades, árboles en 26-29
clima: adaptar árboles al 20-21
    cambio climático 6, 8, 9, 13, 24, 25, 165
clorofila 34, 42
color, árboles por su 42-43, 47, 124-135, 154
compost 149
conejos 149, 165
coníferas 18, 41, 158, 163
copa 154, 158
corcho 34
Cordyline australis 137
cornejo 37, 49, 90-91, 155
Cornus spp. 90-91
corona 34
corteza 19, 34, 37, 44, 149
Corylus avellana 104-105
Costa Rica 24
Crataegus laevigata 14, 15
    C. monogyna 84-85
cuidar tu árbol 152-153
Cupressus sempervirens 95
    C. × *leylandii* 19
Cydia pomonella 166

D
decaimiento del fresno 167
deforestación 6, 8, 25
Dicksonia antarctica 59
dióxido de carbono 6, 34
    almacenaje de carbono 8, 9, 10, 12, 18, 21, 24, 25, 29
drupas 41
duramen 32, 34

E
edad de los árboles 34, 147
edificios, plantar cerca de 47
efecto isla de calos 26
efectos refrescantes 26, 28
elegir un árbol 146-147
emparrar árboles 149, 151, 153
endrino 36, 48
enfermedades 20, 150, 164-167

podar una rama enferma 161
espino albar 36, 84-85, 155
    espino navarro 14, 15
    fauna y 40, 42, 48
    plagas y enfermedades 167
    setos 35
espolones frutales 160, 161
Eriobotrya defexa 58
estaciones 36-37, 44
estéreo purpúreo 156, 167
Euonymus europaeus 101
evolución de los árboles 18-19

F
Fagus sylvatica 116-117
fauna 12, 13, 44, 45
    árboles nativos y 20
    daños por animales 19, 149, 165
    renaturalización y 25
    setos y 48
    véase también aves; insectos, *etc.*
fertilización 40, 41
Ficus carica 74-75
floema 34
floración 35, 36, 38-39
flores 19, 20, 40
fotosíntesis 32, 34, 35, 42
forma: hojas 18-19
    árboles 18, 156-161
frutas 19, 20, 40-41
frutales 64-77, 155
    elegir 150-151
    emparrados 151
    en otoño 37
    en primavera 36, 38
    identificar yemas fructíferas 160
    plagas y enfermedades 165, 166
    poda 156, 160-161
    polinización 151
    raíces 47
frutales arbustivos 150
frutos 19, 40-41
    árboles de frutos 100-113
fusariosis vascular 167

G
ginkgo 18, 37, 128-129
Ginkgo biloba 18, 128-129
glucosa 34, 42
grafiosis del olmo 21, 167
Gran Muralla Verde 24, 168
guillomo nevado 55, 155

H
haya 20, 21, 22, 37, 48, 116-117
heladas 35
helecho arbóreo 59, 155
híbridos 21
higuera 49, 74-75
hoja pequeña, tilo de 122-123
hojas: caducifolios 34-35
    caída de las hojas 46
    color otoñal 42-43
    forma y tamaño 18-19
    fotosíntesis 34, 42
    perennifolios 35
    tierra de hojas 162-163
hongos 22-23, 45, 149, 152, 162
hongos micorrícicos 22-23, 32
hyphae 22, 45

I
Ilex aquifolium 80-81
injerto 150
insectos 9, 10, 12, 20, 44, 45
    plagas 164-165
    polinización 8, 40
inundaciones 45
invierno 37, 44, 147

J
jardines: papel de los árboles en 44-45
    plantar árboles en 10-13, 47-48
Juglas regia 156

L
Lagerstroemia indica 87
latencia 34, 37, 42, 147
Ligustrum vulgare 96-97

Índice

lila 21, 92-93
Liquidámbar styracifua 130-131
liquidámbar 37, 130-131
luz 46-47
luz solar 32, 34, 46, 158
    plantas para márgenes soleados 155

M
madroño 15, 37, 98-99, 155
magnolia 19, 35, 38, 88-89
malas hierbas 153
Malus spp. 56-57
    M. domestica 66-67
mamíferos 9, 44, 45
    daños de la fauna 19, 149, 165
    frutos y semillas y 19, 41
manzano 38, 40, 41, 66-67
    emparrado 49
    enfermedades y plagas 167
    plantar en macetas 149
    poda 160-161
    polinización 151
manzano silvestre 56-57, 155
Marasmius oreades 22
márgenes 47, 154-155
márgenes forestales, plantas para 154-155
materia orgánica 147, 149
melocotonero 49, 72-73, 156, 166
meristemos 34
micelio 22
mielato 165
minadora del castaño de Indias 165
mindfulness 44
morera negra 77, 156
Morus nigra 77

N
nativos y no nativos 20-21, 45
negreo 165
níspero 58
nuez 41, 156
Nyssa sylvatica 132-133

O
Olea europaea 60-61
olivo 49, 60-61, 149, 155
olmo 21, 41, 47, 163, 167
otoño 37, 44, 147
    color otoñal 42-43, 47, 124-135, 154

P
palma excelsa 140-141
palmera canaria 138, 167
palmera de la jalea 142
palmeras 21, 46, 136-143, 155, 158
palmito 139
Parrotia persica 62-63
patrones 150-151, 153
peral 49, 68-69, 151, 160-161
perennifolios 154
Phoenix canariensis 138
pinos 158
piñas 40, 41
piorno precoz 167
plagas 20, 147, 149, 164-167
plantar árboles: cómo plantar 148
    cuándo plantar 146, 147
    dónde plantar 46-49
    preparar el suelo 147
    proyectos de plantación de árboles 168
plantar por zonas 171
plantones 49, 150, 157
plantones injertados 150
poda 150, 156-161
    árboles emparrados 151
    árboles maduros 158
    caducifolios 157-158
    frutales 160-161
    palmeras 158
    perennifolios 158
    preparación para 156-157
    retoños 147
    setos 158
podredumbre blanca 22, 166
podredumbre parda 166

polilla del boj 165
polillas 40, 45, 164, 165, 166
polinización 40-41, 151
polinizadores 14, 19, 20, 28, 38, 40
polución 45, 48, 49
primavera 36, 38-39, 44, 147
procesionaria del roble 166
protección para árboles 153, 165
Prunus 70-71, 166
    P. cerasus 38
    P. domestica 65
    P. dulcis 112-113
    P. persica 72-73
Pseudomonas syringae 166
pulgones 164, 165
pulgones lanígeros 165
Pyrus communis 68-69

Q
Quercus robur 118-119

R
raíces 32, 34, 45, 152
    hundimientos y 47
    viento y 149, 153
raíces pivotantes 32, 152
reforestación 8, 24
renaturalización 25
retoños 147, 153
retoños ramificados 150
Rhus typhina 134
riego 147, 149, 152-153
roble 18, 19, 20, 21, 41, 47
    roble carvallo 118-119

S
Salix caprea Kilmarnock 106-107
sámaras 41
Sambucus nigra 79
sauce 19, 36
    sauce cabruno Kilmarnock 15, 36, 106-107
saúco 35, 79
savia 32, 34

semillas 19, 40-41
sequía 20, 147
serbal silvestre 14, 42, 47, 82-83
setos 46, 48, 149, 158
solución de problemas 164-167
sombra 45, 46-47, 154
Sorbus aucuparia 14, 15, 82-83
suelo, preparar el 147
Syringa vulgaris 92-93

T
tamaño 48
taninos 19
Taxus baccata 115
tejidos vasculares del xilema 32, 34
tejo 48, 49, 115, 160
tierra, preparar la 147
Tilia cordata 122-123
tilo de hoja pequeña 122-123
Trachycarpus fortunei 140-141
Tree Preservation Order (TPO) 156
Trees for Cities 168
Trees for Life 168
trepadoras 49
tronco 32, 34
tupelo negro 132-133

U
Ulmus New Horizon 21
Uttar Pradesh 24

V, W
verano 36-37, 147
viento 45, 48
  golpes de viento 149, 153
  polinización por el viento 41
vinculación de raíces 22
Woodland Trust 167, 168

X, Y, Z
xilema 34
yemas 156
yemas terminales fructíferas 160, 161
Yuca rostrata 143
zumaque de Virginia 37, 134

Agradecimientos

Agradecimientos de la autora
Gracias al brillante equipo de DK por la idea de este libro y por pedirme que lo escribiera. Saludos especiales a Amy Slack y Ruth O'Rourke por ayudar a crear el libro y a Jane Simmonds por editarlo minuciosamente y elaborar las referencias cruzadas, incluidas las 50 fichas de árboles. Gracias también a Louise Brigenshaw y Mandy Earey por el diseño, y a Vivienne Watton por publicar el libro.

Gracias a mi maravillosa agente Jane Turnbull, que siempre está ahí para escucharme y dar con la solución a un problema. Gracias a Chris Young por supervisar el proyecto y por su interminable positividad y alegría. Realmente agradezco que me permitieras ser honesta sobre el cambio climático y por darme una plataforma para escribir sobre lo que más amo de esta maravillosa Tierra nuestra: ¡árboles, plantas y VIDA!

Gracias a Lucille Clerc por sus increíbles ilustraciones que transformaron el libro de «guía práctica» a algo en lo que uno desea sumergirse y explorar.

Gracias a Kevin Martin, responsable del arboreto en Kew, por ayudar a los alóctonos a crecer en un clima cambiante, a Emma Crawforth de *BBC Gardeners' World Magazine* por estar siempre disponible para responder preguntas sobre identificación de árboles y variedades de cultivo. Gracias a Simon Maughan de RHS por verificar informaciones y sentido cuando, literalmente, los árboles no me dejaban ver el bosque.

No intervinieron en la creación de este libro, pero me gustaría dar las gracias a Emma y Tosca. Investigar y escribir sobre el cambio climático no es divertido, pero siempre me hacen reír. Tosca: deja de gruñir a los erizos.

Agradecimientos de la ilustradora
Gracias al gran equipo de DK y Kate Bradbury por su confianza.

A mis padres por enseñarme a maravillarme con la naturaleza y a cultivar mi propio jardín. Gracias al hombre maravilloso que me enseñó a dibujar y a mi madre jardinera siempre amorosa: ambos me inspiraron para toda la vida.

A mi compañero por su apoyo diario, que nuestro amor crezca tan fuerte como el Roble Mayor.

Les deseo a todos los lectores la alegría de plantar un árbol: verlo crecer y reunirse con sus seres queridos bajo su follaje acogedor, compartir sus frutos y dejarlo a la próxima generación.

Agradecimientos del editor
DK desea agradecer a Francesco Piscitelli la corrección y a Vanessa Bird la indexación.

ACERCA DE LA AUTORA

Kate Bradbury es una escritora y periodista galardonada, especializada en jardinería. Edita las páginas de vida silvestre de la revista *BBC Gardeners' World*, y escribe artículos para *The Telegraph*, *The Guardian*, la revista *RHS The Garden* y las revistas *BBC Wildlife* y *Wildlife Trust*. Es autora de varios libros, como *The Wildlife Gardener* y *The Bumblebee Flies Anyway* (ambos de Bloomsbury), y *RHS How to Create a Wildlife Pond* (DK). Vive en Brighton, donde su pequeño pero perfectamente ideado jardín es el hogar de TODO tipo de fauna silvestre: erizos, ranas y sapos, gorriones, estorninos y gusanos. Espera que un día lleguen los vencejos. Su jardín formó parte de los capítulos *Springwatch* y *Autumnwatch* de la campaña GardenWatch de la BBC. Kate también aparece en *BBC Gardeners' World*, donde enseña a usar plantas de jardín para atraer vida silvestre a pequeños jardines urbanos, como el suyo. Es patrocinadora de Froglife y Bumblebee Conservation Trust, y embajadora de jardines de Butterfly Conservation.

ACERCA DE LA ILUSTRADORA

Lucille Clerc es una diseñadora gráfica e ilustradora francesa afincada en Londres. Abrió allí su estudio después de graduarse en Central Saint Martins con un máster en Diseño de Comunicación. Ha ilustrado varios libros y revistas, y también ha creado obras para la industria de la moda y salas de exposición. Gran parte de su trabajo está inspirado en la arquitectura de Londres y la relación entre la naturaleza y la urbanización, y sus composiciones retratan sus lugares favoritos tanto en el pasado como en el presente.

La edición original de esta obra ha sido publicada en el Reino Unido en 2022 por Dorling Kindersley Limited, sello editorial de Penguin Random House, con el título

The Tree In My Garden

Traducción del inglés
Gemma Fors

Copyright © de la edición española, Cinco Tintas, S.L., 2023
Copyright © del texto, Kate Bradbury, 2022
Copyright © de las ilustraciones, Lucille Clerc, 2022
Copyright © de la ilustración de las pp. 148, 157, 159 y 160, Swindler & Swindler – Folio Art, Dorling Kindersley Limited, 2022
Copyright © de la edición original, Dorling Kindersley Limited, 2022

Todos los derechos reservados. Bajo las sanciones establecidas por las leyes, queda rigurosamente prohibida, sin la autorización por escrito de los titulares del copyright, la reproducción total o parcial de esta obra, por cualquier medio o procedimiento mecánico o electrónico, actual o futuro, incluidas las fotocopias y la difusión a través de internet. Queda asimismo prohibido el desarrollo de obras derivadas por alteración, transformación y/o desarrollo de la presente obra.

Av. Diagonal, 402 – 08037 Barcelona
www.cincotintas.com

Primera edición: octubre de 2023

Impreso en China
Depósito legal: B 10094-2023
Código Thema: WMPS
Jardinería y horticultura: árboles y arbustos

ISBN 978-84-19043-25-2